所有的努力只为遇见更好的自己

孙永辉 / 编著

图书在版编目（CIP）数据

所有的努力只为遇见更好的自己 / 孙永辉编著 . --
北京： 中国人口出版社， 2022. 6
ISBN 978-7-5101-7340-0

Ⅰ . ①所… Ⅱ . ①孙… Ⅲ . ①成功心理—青少年读物
Ⅳ . ① B848.4-49

中国版本图书馆 CIP 数据核字（2020）第 202646 号

所有的努力只为遇见更好的自己

SUOYOU DE NULI ZHI WEI YUJIAN GENGHAO DE ZIJI

孙永辉　编著

责任编辑　魏志国
责任印制　林　鑫
出版发行　中国人口出版社
印　　刷　三河市燕春印务有限公司
开　　本　710 毫米 ×1000 毫米　1/32
印　　张　4.5
字　　数　95 千字
版　　次　2022 年 6 月第 1 版
印　　次　2022 年 6 月第 1 次印刷
书　　号　978-7-5101-7340-0
定　　价　19.80 元

网　　址　www.rkcbs.com.cn
电子信箱　rkcbs@126.com
总编室电话　（010）83519392
发行部电话　（010）83530809
传　　真　（010）83519401
地　　址　北京市西城区广安门南街 80 号中加大厦
邮政编码　100054

前言 PREFACE

山有巅峰，也有低谷；水有深渊，也有浅滩。人生之路也一样，总是充满坎坷与挫折，时而波峰，时而谷底。苦难是人生的财富，只有超越苦难，才能获得幸福与成功。人的一生，就是不断地与痛苦抗争的过程。挫折与不幸是人生的伴侣，但又是人生的一笔财富，它能使人清醒，催人奋进。挫折是可怕的，但却是成长路上不可缺少的基石。实际上，每个困境与障碍都会成为一个超越自我的契机。困境，是成功者的阶梯，失败者的地狱。莎士比亚说："成功的秘诀就在于懂得怎样控制痛苦与快乐这股力量，而不为它们所反制。"面对挫折与不幸，悲观的人看到的是危机，乐观的人看到的是转机。

每一个人都要遇到挫折，挫折是成功的必经之路，挫折让强者更强、弱者更弱。一个人如果积极进取，喜欢挑战，自信乐观，那他就成功了一半。法国启蒙思想家卢梭说过："在我一生中的苦难日子里，我却始终满怀温馨、感人、甜美的情感，这些情感为我悲痛的心灵创伤抹上香膏，仿佛将痛苦化为快感。"笑对人生，才能于人生的旅途中不断发现生机盎然的绿色，于绝境中看到希望，找到向上攀登的阶梯，而不会在途中搁浅。是前进还是后退，是奋进还是屈服，有时就在一念之间。

追求快乐是每个人的天性，但经历苦难也是人生的必然。笑对人生，是一种超然的心态，更是一种凌驾于命运之上的气度。任大雨滂沱、道路崎岖，我自勇往直前；笑对人生，是一种勇气，更是一种淡泊。保持一颗平静、平常之心，“宠辱不惊，看庭前花开花落；去留无意，望天上云卷云舒”。本书阐述了如何面对并走出人生的困境；如何在苦难中成长，学会应对人生旅途中不断出现的挫折；如何在逆境中奋起，战胜痛苦与不幸，找到快乐的方法；如何学会享受生命，珍惜你所拥有的一切。阅读本书，将使你在辛勤耕耘之时，在遭遇磨难之际，在厄运降临之后，能够微笑着面对生活，不抱怨生活中有太多的曲折、不公和磨难，感谢折磨你的人，感谢折磨你的事。当你走过世间的繁华，阅尽世事，你就会幡然醒悟：你所有的努力，只为遇见更好的自己。

目录 CONTENTS

第1章

心向远方的人，都曾颠沛流离过

没有梦想，何必远方

当一个人明白他想要什么并且坚持自己的理想，那么整个世界都将为他让路。

他生长在一个普通的农户家里，小时候家里很穷，他很小就跟着父亲下地种田。在田间休息的时候，他望着远处出神。父亲问他想什么。他说，将来长大了，不要种田，也不要上班，每天待在家里，等人给他寄钱。父亲听了，笑着说："荒唐，你别做梦了！我保证不会有人给你寄。"

后来他上学了。有一天，他从课本上知道了埃及金字塔的故事，就对父亲说："长大了我要去埃及看金字塔。"父亲生气地拍了一下他的头说："真荒唐！你别总做梦了，我保证你去不了。"

十几年后，少年成了青年，考上了大学，毕业后做了记者，平均每年都出版几本书。他每天坐在家里写作，出版社、报社给他往家里邮钱，他用邮来的钱到埃及旅行。他站在金字塔下仰望，想起小时候爸爸说的话，心里默默地对父亲说："爸爸，人生没有什么能被保证！"

他，就是台湾最受欢迎的散文家林清玄。他那些在他父亲看来十分荒唐、不可能实现的梦想，在十几年后都被他变成了现实。他为了实现这个梦想，十几年如一日，每天早晨 4 点就起床看书写作，每天坚持写 3000 字，一年就是一百多万字。靠坚持不懈的奋斗，他终于实现了自己的梦想。

如果轻易放弃，梦想就只能是梦想；只有坚持到底，梦想才不仅仅是梦想。只有无论如何都不放弃梦想的人，才有可能让美梦成真。许多人之所以不能实现梦想，并不是因为梦想太高，而是太容易就轻易放弃。

一位小学教师给他的学生布置了一个作业：写一个报告，题目是《我的梦想》。

其中有一个小男孩儿，洋洋洒洒写了 9 张纸，描述他的伟大志愿。他想拥有一座属于自己的牧马农场，并且仔细地画了一张 200 亩农场的设计图，上面认真地标有马厩、跑道等的位置，然后在这一大片农场中央，还要建一栋占地约 380 平方米的豪宅。

他花了很多心血才把这份报告做出来，第二天交给了老师。然而，三天后当他拿回报告翻开一看，第一页上打了一个又红又大的叉，旁边还有一行字：下课后来见我。

小男孩儿下课后带着报告去见老师："为什么我的报告是不及格的？"

老师回答道："你年纪虽然小，但也不要老做白日梦。你们家里没有钱，也没有雄厚的家庭背景，什么都没有。盖农场是需要花很多钱的大工程，你要花钱买地，花钱买纯种马匹，花钱照顾它们，所以你的志愿是不可能实现的。因此，我建议你再写一个比较不离谱的志愿，我会重新给你分数的。”

这个小男孩儿回到家后征询父亲的意见。父亲只是告诉他：“儿子，这个决定对你来说非常重要，你必须自己拿主意。”

于是这个小男孩儿再三考虑后，决定将原稿交回，一个字都不改。他告诉老师：“即使是不及格的，我也不愿放弃梦想。”

数年后，当老师到当年那个小男孩儿的牧场做客的时候，他才知道小男孩儿当初没有放弃自己的梦想是对的。

有位哲人说：“世界上一切的成功、一切的财富都始于一个意念！始于我们心中的梦想！”也就是说，成功其实很简单：你先有一个梦想，然后努力经营自己的梦想，不管别人说什么，都不放弃。

人生有主见，青春不迷茫

比塞尔是西撒哈拉沙漠中的一颗明珠，每年都会有数以万计的旅游者来到这儿。可是在肯·莱文发现它之前，这里还是一个封闭落后的地方。这儿的人没有一个走出过大漠，据说不是他们不愿离开这块贫瘠的土地，而是尝试过很多次都没能走出去。

肯·莱文当然不相信这种说法。他用手语向这儿的人问原因，结果每个人的回答都一样：从这儿无论向哪个方向走，最后还是转回到出发的地方。为了证实这种说法，他做了一次试验，从比塞尔村向北走，结果三天半就走了出来。

比塞尔人为什么走不出来呢？肯·莱文非常纳闷，最后只得雇一个比塞尔人，让他带路，看看到底是怎么回事。他们带了半个月的水，牵了两峰骆驼，肯·莱文收起指南针等现代设备，只拄一根木棍跟在后面。

十天过去了，他们走了大约 1300 千米的路程，第十一天早晨，他们果然又回到了比塞尔。这一次，肯·莱文终于明白了，比塞尔人之所以走不出大漠，是因为他们根本就不认识北斗星。

在一望无际的沙漠里，一个人如果凭着感觉往前走，他会走出许多大小不一的圆圈，最后的足迹十有八九是一把卷尺的形状。比塞尔村处在浩瀚的沙漠中间，方圆上千千米没有一点参照物，若不认识北斗星又没有指南针，想走出沙漠，确实是不可能的。

肯·莱文在离开比塞尔时，带了一位叫阿古特尔的青年，就是上次和他合作的人。他告诉这位汉子，只要他白天休息，夜晚朝着北面那颗星走，就能走出沙漠。阿古特尔照着去做了，三天之后果然来到了大漠的边缘。阿古特尔因此成为比塞尔的开拓者，他的铜像被竖在小城的中央。铜像的底座上刻着一行字：新生活是从选定方向开始的。

正如上述例子的最后一句话，人生也同样如此。人生自然有自我存在的价值，选择一个目标，就等于明确了人生的方向，这样才不至于迷失。

一个人如果没有自己的人生观，没有人生的方向，没有确定自己活着究竟要做一个什么样的人、做什么事，只是跟着环境在转，这就犯了庄子所说的“所存于己者未定”的毛病，那将是人生最悲哀的事。

一个辉煌的人生在很大程度上取决于人生的方向，个人的幸福生活也离不开方向的指引。确立人生的方向是人一生中最值得认真去做的事情。你不仅需要自我反省、向人请教“我是什么样的人”，还需要很清楚地知道“我究竟需要什么”，包括想成就什么样的事业、结交什么样的朋友、培养和保留什么样的兴趣爱好、过一种什么样的生活。这些选择是相对独立的，但却是在一个系统内的，彼此是呼应的，从而共同形成人生的方向。

摩西奶奶是美国弗吉尼亚州的一位农妇，她在 76 岁时因患关节炎放弃农活儿，这时她给了自己一个新的人生方向，开始学习她梦寐以求的绘画。在她 80 岁时，她到纽约举办画展，引起了意外的轰动。她活了 101 岁，一生留下绘画作品六百余幅，其中有四十多幅是在生命的最后一年画的。

不仅如此，摩西奶奶的行动也影响到了日本大作家渡边淳一。渡边淳一从小就喜欢文学，可是大学毕业后，他一直在一家医院里工作，这让他感到很别扭。马上就 30 岁了，他不知该不该放弃那份令人讨厌但收入稳定的工作，转而从事自己喜欢的写作。于是他给耳闻已久的摩西奶奶写了一封信，希望得到她的指点。摩西奶奶很感兴趣，当即给他寄了一张明信片，上面写了这么一句话："做你喜欢做的事，上帝会高兴地帮你打开成功之门，哪怕你现在已经 80 岁了。"

人生是一段旅程，方向很重要。只有掌握了自己人生的方向，每个人才可以最大化地实现自己的价值，正如例子里的摩西奶奶和渡边淳一。

找到人生方向的人是快乐的，他们的生活与他们所向往的人生方向是一致的，这样的生活也让他们的生命更加有意义。

活出你自己的样子：年轻，就是用来折腾的

潘杰客，一个有着传奇跨国经历的成功男人，带给我们无限的启示。

想当初，潘杰客的祖父和父亲都是著名的科学家，而他大学毕业后却在北京一个小小的施工队做预算员。不过 4 年后，他已经是国家建设部最年轻的中层领导。1988 年，近 30 岁的潘杰客来到美国，一切从送外卖、住地下室开始。6 年后，他被哈佛、剑桥、耶鲁三所大学的管理学院同时录取，1997 年在哈佛完成学业后，前往欧洲，在上十名应聘者中，他成

为唯一被录用的德国奥迪的高级经理，后来作为奥迪中国大区首席顾问回到中国，成功运作了奥迪A6在中国的上市计划。就在这能够让所有人艳羡的时候，他辞去了奥迪终身雇员的职务，加盟凤凰卫视，成为一个财经节目的主持人。而现在，他组建了自己的团队——泛华传播，致力于打造一档“国际的、最知名的、成功人士的、在中国有影响的脱口秀节目”。

上面所说的情况已足以让人刮目相看，其实还只是他跨国人生的一小部分。用他自己的话说就是——除了“变化”没有什么是永恒的。

但事实上，潘杰客真正吸引人的地方也许并不在于他的成功，而在于他的“失败”。

潘杰客在他耶鲁大学入学论文的开篇写道：“人生舞台上的表演层出不穷、跌宕起伏，它们可以是喜剧、悲剧、哑剧、歌剧、音乐剧、交响乐，不一而足。而我们在生命的不同时期却以不同的角色出现——主角、配角、编剧、导演、灯光师，甚至观众。”

人生如戏，潘杰客为自己编写并导演了一出最跌宕起伏的大剧。

“人是不能低头的，一旦低头，就再也不可能骄傲了。因为一个行动养成一个习惯，低头一次，就会有第二次、第三次……”

“很多人问我，在最困难的关头，是什么力量支撑着我不倒下，挺过去，我的答案是‘心灵的骄傲’。在那种关键的时候，我不可能去考虑成功之后的鲜花与欢呼或失败者所将遭遇的冷遇和失落。我所想的是：我这个生命是否值得再为自己做下去？我通常会问自己：你能否超越自己？超越了就是成功——不是事情上的成功，而是心理上的成功。人在那种时刻，暴露出来的都是人性的弱点；我就是要战胜这种弱点。因为我追求的是心灵的纯粹和强大，一种心灵上的超我。”

“内心必须有一种渴求，你可以改变自己，还可以通过自己去改变别人，这个社会、这个世界就会因此而改变。要在最广泛的范围去影响他人，把社会向更合理的方向推进，这种合理应该为大多数人带来福利。这是个良好的愿望，为了这个愿望，要去做许多其他的事情，而这正是人生价值的体现，它带给我的满足是物质无法带来的。在心灵痛苦时，常常会想，大千世界的痛苦又是多么的深厚。走这条路的人注定是孤独的，精神和灵魂像吉卜赛人一样在这个世界流浪，如果这就是命运的话，我已做好准备并且毫不畏惧。”——这是一个理想主义者的自白，是一个勇敢者的宣言，是潘杰客不变的信念。这是一种怎样的超越，怎样的智慧？他是一个把目标与成功分得很清的人，成败得失已无关紧要，他追求的只是一个目标、一种执着、一份毅力。

对一个人来说，可以没有成功，却不能没有目标。目标有时候很简单，却需要足够的信心与毅力去追求；成功有时候很遥远，却与目标只咫尺之隔。

真正的伟大只有一种，就是在看清这个世界的本来面目后，仍然去热爱它。作为一个自然人，潘杰客无疑非常伟大，这种伟大表现在他始终恪守着自己的原则，给高贵的心灵一个美丽的住所，哪怕是遭遇到最大的阻力，也要想办法抵达胜利的彼岸。

生命太短暂，岂能渺小度一生

有这样一个众所周知的寓言故事：

农夫捡到一枚鹰蛋，回家后放到了一个正在孵小鸡的母鸡窝里。结果这枚鹰蛋被母鸡孵化成了一只雏鹰。这只雏鹰以为自己也是一只小鸡，于是每天和小鸡生活在一起，做着与小鸡一样的事情，在垃圾堆里捉虫觅食，与小鸡一起嬉戏，有时也学母鸡一样咯咯地叫。

雏鹰渐渐长大，变成了一只小鹰，可它从来没有飞过几尺高，因为母鸡们只能飞这么高。它认为自己与母鸡完全一样。

一天，小鹰看见一只大鸟在万里碧空中展翅翱翔，就问母鸡："那种飞得好高的大鸟是什么？"

母鸡回答说："那是一只雄鹰，它是一种非常了不起的鸟。你不过是一只鸡，不可能像它那样飞的，认命吧！"于是，这只小鹰就接受了这种观点，它不尝试着去飞翔，也从来没想过与鸡们做不一样的事。

有一天，猎人经过这家农户，看见了这只小鹰。猎人说服农妇，用三只猎获的野兔换走了小鹰。猎人开始训练小鹰飞翔，可是小鹰飞不起来，准确地说，是它根本不敢飞。猎人没有灰心丧气，他带小鹰来到一座高山顶上，对小鹰说："鹰呀鹰呀，你本属于蓝天，你是蓝天的主人，你怎么变得像你的食物小鸡那样弱小呢？向高处看吧，那些在天空翱翔的雄鹰才是你的同伴。去找它们吧！"

猎人说着，撒手将小鹰抛向悬崖，小鹰呈直线坠落，就在即将落地的那一瞬间，小鹰"呀"的一声尖叫，振翅飞了起来，直冲云霄。

尽快离开你身旁那些不积极、没有目标、不求成功的平庸之辈，和优秀的人在一起，这样，你的潜能才会最大限度地被激发出来，你就会变得更加优秀，最后让优秀成为自己的一种习惯。

贝尔 28 岁时拜访了著名物理学家约瑟夫·亨利，谈论"多路电报"试验，亨利本来对此不感兴趣。但这回他强打起精神，去听贝尔的介绍，突然他敏锐地觉察到，这个年轻人在谈一个极有价值的现象。他热情地鼓励贝尔："如果你觉得自己缺乏电学知识，那就去掌握它。你有发明的天分，好好干吧！"

后来，贝尔写信给父母，描述自己的感受："我简直无法向你们描述这两句话是怎样鼓舞了我……要知道在当时，对大多数人来说通过电报线传递声音无异于天方夜谭，根本不值得费时间去考虑。"

几年后，贝尔又说："如果当初没有遇上约瑟夫·亨利，我也许发明不了电话。"

和积极的人在一起会让你更积极，和消极的人在一起会让你更消极。心态积极的人，他们会及时激励我们，而不是用消极的话来干扰我们的行动。要知道，当一个人在做一件犹豫不决的事时，需要的是积极的支持。与积极者在一起，我们会学着尝试。即使错了，起码也曾经尝试过，无怨无悔。没有人会百分之百成功，但没有尝试肯定不会成功。

《心灵鸡汤》的作者之一马克·汉森是一位畅销书作家，他的书在全世界已经畅销几千万册。有一次，汉森在与成功学、激励学顶尖高手安东尼·罗宾斯同台讲演结束之后，私下请教罗宾斯，于是有了如下一段对话——

汉森问："我们都在教别人成功，为什么我的年收入才100万美元，而你一年却能赚进1000万美元呢？"

罗宾斯没有直接回答汉森的问题，却反过来问汉森："你每天跟谁混在一起？"

汉森说："我每天都跟百万富翁在一起。"

罗宾斯听后笑了笑说："我每天都跟千万富翁在一起。"

只有和比自己成功的人在一起，和成功者合作，我们才会更成功。近朱者赤，近墨者黑。物以类聚，人以群分。我们要想像雄鹰一样在空中翱翔，就得学会雄鹰飞翔的本领。如果我们结交有成就者，那我们终将成为一个有成就的人。用好莱坞流行的一句话说："一个人能否成功，不在于你知道什么，而在于你认识谁。”

假设有两种环境供你去选择：在第一种环境中你是最好的，你每月的收入是 800 元，而别人都是 200 元，在第二种环境中你是最差的，别人都是百万富翁，而你的资产只有 20 万。你愿意选择哪一种呢？要想成为什么样的人，你要选择跟什么样的人在一起，你要变得积极，你要和比你更积极的人在一起，你要永远寻找比你本身更好的环境。无论你是飞黄腾达，还是穷困潦倒，如果你选择和比你优秀的人在一起，当你落败时，他就会帮你检讨总结，为你加油助威。

谨慎地选择那些我们愿意花时间交往的朋友，因为他们对我们的思想、人格，以及发生在我们身上的任何事情都会有影响。与生活态度积极的人在一起，与具有远见卓识的人在一起，与成功者在一起，他们的“花香”肯定会熏陶我们，这样我们才会嗅到更多的芬芳。

生命太短暂，我们不能在碌碌无为中渺小地度过一生。与优秀的人在一起，创造不平凡的人生，才是我们明智的选择。

心若没有栖息的地方，到哪里都是流浪

所谓选定，就是指一生只选一把椅，一生只选一件事，一生选准一个目标。

所谓选定，就是咬定青山不放松，就是几十年风雨如一日，就是将“革命”进行到底！长江因选定向东而波澜壮阔，青松因选定向上而伟岸挺拔，珠峰因选定卓越而傲视群山，流星因选定精彩而亮彻长空，圣贤因选定目标而成功卓越！

有这样一个故事：

一条街上有两家卖老豆腐的小店。一家叫“潘记”，另一家叫“张记”。两家店是同时开张的。刚开始，“潘记”生意十分兴隆，吃老豆腐的人得排队等候，来得晚就吃不上了。潘记的特点是：豆腐做得很结实，口感好，给的量特别大。相比之下，张记老豆腐就不一样了，首先是豆腐做得软，软得像汤汁，不成形状；其次是给的豆腐少，加的汤多，一碗老豆腐半碗多汤。因此，有一段时间，张记的门前冷冷清清。有一天，一个客人走进张记的豆腐店，吃完一碗老豆腐后不客气地说：“你怎么不学学潘记呢？”老板卖关子，脸上颇有几分胜算地说：“我为什么要学他呢？你过段时间再来，看看是不是会有变化吧。”

一个多月后，张记的门前居然真的排起了长队。那客人很好奇，也排队买了一碗，看看碗里的豆腐，仍然是稀稀的汤汁，和以前没什么两样，吃起来，也是从前的味道。老板脸上仍然挂着憨厚的笑，客人便好奇地问：“能告诉我其中的秘诀吗？”

老板说：“其实我和潘记的老板是师兄弟。”客人有些惊讶：“那你们做的豆腐不一样呀？”老板说：“是不一样。我师兄潘记做的豆腐确实好，我真比不上；但我的豆腐汤是加入好几种骨头，再配上调料，再经过 12 个小时熬制而成，师兄在这方面就不如我了。师傅故意传给我们不同的手艺。这样，人们吃腻了我师兄的豆腐，就会到我这里来喝汤。时间长了，人们还会回到我师兄那里。再过一段时间，人们又会来我这里。这样，我们师兄弟的生意就能比较长远地做下去，并且互不影响。”

客人又试探地问：“你难道就不想跟你师兄学做豆腐吗？”老板却说：“师傅告诉我们，能做精一件事就不容易了。有时候，你想样样精，结果样样差。”

张记老板的这番话，除与老豆腐有关，与一个人的择业、一个人一辈子的坚守似乎都有些关联……

是的，世界上夺目的事业太多太多，而选定者必须知道：生命有限，时间有限，精力有限，能力有限，空间有限。而每个人只有一双手，只有在众多的事业中选定一件自己爱干的该干的事，才能打造自己的完美人生。

因为，成功是一个力学问题，目标的实现全赖于力量的方向、大小和持续力。

若不选定目标，那么，每天清晨起来，我们将茫然四顾。若不能选准一件事，那么，我们每日的思考与行动将毫无意义可言。宇宙万物都是以中心为内核而运转的，人生也莫不如此。有中心我们才有可能聚积四周的能量，才有可能吸引实现目标的人力物力财力。蚌蛤因有中心而结出珍珠，台风因有中心而力大无穷。

当然，中心只应有一个。世界上有梦想的人太多太多，每天活在不同梦想之中的人也太多太多，唯独一生只有一个梦想的人凤毛麟角，少之又少。梦想多者，一生都在游离不定中摇摆，在举棋不定中反复，在湖光掠影中闪失。他们没有恒心，没有毅力，他们太急于求成，他们太不能等待，有的只是一颗空泛的心，他们总是在期待在祈盼机遇之神光顾，结果呢？恰恰相反，机遇之神总是鄙视他们，且将他们弃在路边，如同敝屣。

富可敌国、光芒四射的比尔·盖茨，就是一个一生选定一件事、一生只做一件事的人。正因为这一果断的抉择，使他的软件事业在经过几年的打拼之后，成为这一领域的“庞大帝国”，而他本人则成为世界首富。比尔·盖茨在谈到他的成功经验时说：“很多人问我成功的秘密，其实没有什么秘密可谈，我只是选择了我爱做的事、该做的事。其实，我不比别人聪明多少，我之所以走到了其他人的前面，不过是我认准了一生只做一件事，并且把这件事做得更完美而已。正是这个深扎于内心的信条，使我的思想和人生变得更加坚定。我始终认为一个能把一件事做到底的人，更能体现出天才的创造力。”

总之，没有选定，人生就没有主题；没有选定，人生就没有方向没有目标；没有选定，人生就是一盘散沙；没有选定，人生就不可能像滚雪球一样越滚越大；没有选定，人生就会流入肤浅和庸俗！只有选定，泰山才会为之让路；只有选定，险峰也会为之臣服；只有选定，人生的坎坷才会被踏平；只有选定，生命才会乘风破浪，一路凯歌！当然，“选定”需要钢铁般的意志为后盾，才能实现，才能突破。在这个世界上，强者与弱者之间，成功者与失败者之间，大人物与小人物之间，唯一区别就是看谁具有钢铁般的意志力，看谁具有绵绵不绝的激情。没有这两点，所有的选定都是白搭，所有的选定都是枉费心机。

今天，我们一定要吃透“选定”，着手“选定”，迅速做出生命中最大的一次决策——选好自己的位置，一生只做一件事。

是小草，就要为生命增添绿意；是鲜花，就要为人间留下芬芳；是阳光，就要照耀大地；是雨露，就要滋润禾苗……茫茫人海中，你的人生坐标在哪里？

成功的道路千条万条，而属于你的只有一条；三百六十行，行行出状元，你该选择哪一行？试想一下：如果让毕加索写小说，让马克·吐温去作画，他们还会被人们尊为大师吗？这里涉及一个定位问题，简单地说，就是找准自己一生要做的事，选准一事，选定一生。

生命的千疮百孔，是残忍的慈悲

“金无足赤，人无完人。”即使是全世界最出色的足球选手，10次传球，也有4次失误；最棒的股票投资专家，也有马失前蹄的时候。我们每个人都不是完人，都有可能存在这样或那样的过失，谁能保证自己的一生不犯错误呢？也许只是程度不同罢了。如果你不断追求完美，对自己做错或没有达到完美标准的事深深自责，那么一辈子都会背着罪恶感生活。

过分苛求完美的人常常伴随着莫大的焦虑、沮丧和压抑。事情刚开始，他们就担心失败，生怕干得不够漂亮而不安，这就妨碍了他们全力以赴地去取得成功。而一旦遭遇失败，他们就会异常灰心，想尽快从失败的境遇中逃离。他们没有从失败中获取任何教训，而只是想方设法让自己避免尴尬的场面。

很显然，背负着如此沉重的精神包袱，不用说在事业上谋求成功，在自尊心、家庭问题、人际关系等方面，也不可能取得满意的效果。他们抱着一种不正确和不合逻辑的态度对待生活和工作，他们永远无法让自己感到满足。

日本有一名僧人叫奕堂，他曾在香积寺风外和尚处担任典座一职（即负责斋堂）。有一天，寺里有法事，由于情况特殊必须提早进食。乱了手脚的奕堂匆匆忙忙地把白萝卜、胡萝卜、青菜随便洗一洗，切成大块就放到锅里去煮。他没有想到青菜里居然有条小蛇，就把煮好的菜盛到碗里直接端出来给客人吃。

客人一点儿也没发觉。当法事结束，客人回去后，风外把奕堂叫去，风外用筷子把碗中的东西挑起来问他：

“这是什么？”奕堂仔细一看，原来是蛇头。他心想这下完了，不过还是若无其事地回答：“那是个胡萝卜的蒂头。”奕堂说完就把蛇头拿过来，咕噜一声吞下去了。风外对此佩服不已。

智者即是如此，犯了错误，他不会一味地自责、内疚或寻找借口，而是采取适度的方式正确地对待。

张爱玲在她的小说《红玫瑰与白玫瑰》中写了男主角佟振保的爱恋，同时也一针见血地道破了男人的心理以及完美之梦的破灭：白玫瑰有如圣洁的恋人，红玫瑰则是热烈的情人。娶了白玫瑰，久而久之，变成了胸口的一粒白米饭，而红玫瑰则有如胸口的朱砂痣；娶了红玫瑰，年复一年，则变成蚊帐上的一抹蚊子血，而白玫瑰则仿佛是床前明月光。

事实上，世界上根本就没有真正的“最大、最美”，人们要学会不对自己、他人苛求完美，对自己宽容一些，否则会浪费掉许许多多的时间和精力，最终只能在光阴蹉跎中悔恨。

世界并不完美，人生当有不足。对于每个人来讲，不完美的生活是客观存在的，无须怨天尤人。不要再继续偏执了，给自己的心留一条退路，不要因为不完美而恨自己，不要因为自己的一时之错而埋怨自己。看看身边的朋友，他们没有一个是十全十美的。

完美往往只会成为人生的负担，人绷紧了完美的弦，它却可能发不出优美的声音来。那些爱自己、宽容自己的人，才是生活的智者。

人生有多残酷，你就该有多坚强

成就平平的人往往是善于发现困难的“天才”，他们善于在每一项任务中都看到困难。他们莫名其妙地担心前进路上的困难,这使他们勇气尽失。他们对于困难似乎有惊人的“预见”能力。一旦开始行动，他们就开始寻找困难，时时刻刻等待着困难的出现。当然，最终他们发现了困难，并且被困难击败。这些人似乎戴着一副有色眼镜，除了困难，他们什么也看不见。他们前进的路上总是充满了“如果”“但是”“或者”和“不能”。这些东西足以使他们止步不前。

一个向困难屈服的人必定会一事无成，很多人不明白这一点。一个人的成就与他战胜困难的能力成正比。他战胜越多别人所不能战胜的困难，他取得的成就也就越大。如果你足够强大，那么困难和障碍会显得微不足道；如果你很弱小，那么障碍和困难就显得难以克服。有的人虽然知道自己要追求什么，却畏惧成功道路上的困难。他们常常把一个小小的困难想象得比登天还难，一味地悲观叹息，直到失去了克服困难的机会。那些因为一点点困难就止步不前的人，与没有任何志向、抱负的庸人无异，他们终将一事无成。

成就大业的人，面对困难时从不犹豫徘徊，从不怀疑自己克服困难的能力，他们总是能紧紧抓住自己的目标。对他们来说，自己的目标是伟大而令人兴奋的，他们会向着自己的目标坚持不懈地前进，而暂时的困难对他们来说则微不足道。伟人只关心一个问题："这件事情可以完成吗？"而不管他将遇到多少困难，只要事情是可能的，所有的困难就都可以克服。

我们随处可见自己给自己制造障碍的人。在每一个学校或公司董事会中或多或少都有这样的人。他们总是善于夸大困难，小题大做。如果一切事情都依靠这种人，结果就会一事无成。如果听从这些人的建议，那么一切造福这个世界的伟大创造和成就都不会存在。

一个会取得成功的人也会看到困难，却从不惧怕困难，因为他相信自己能战胜这些困难，他相信一往无前的勇气能扫除这些障碍。有了决心和信心，这些困难又算得了什么呢？对拿破仑来说，阿尔卑斯山算不了什么。并非阿尔卑斯山不可怕，冬天的阿尔卑斯山几乎是不可翻越的，但拿破仑觉得自己比阿尔卑斯山更强大。

虽然在法国将军们的眼里，翻越阿尔卑斯山太困难了，但是他们那伟大领袖的目光却早已越过了阿尔卑斯山上的终年积雪，看到了山那边碧绿的平原。

乐观地面对困难，多一些快乐，少一些烦恼，你会惊奇地发现，这不仅会使你的工作充满乐趣，还会让你获得幸福。你会发现，自己成了一个更优秀、更完美的人。你用充满阳光的心灵轻松地去面对困难，就能保持自己心灵的和谐。而有的人却因为这些困难而痛苦，失去了心灵的和谐。

你怎样看待周围的事物完全取决于你自己的态度。每一个人的心中都有乐观向上的力量，它使你在黑暗中看到光明，在痛苦中看到快乐。每一个人都有一个水晶镜片，可以把昏暗的光线变成七色彩虹。

第2章

别抱怨生活苦，那是你去看世界的路

生命中的痛苦是盐，它的咸淡取决于盛它的容器

每个人的生命都是完整的。你的身体可能有缺陷或者残缺，但你仍然可以拥有一个完整的人生和幸福的生活。这才是对待生命的正确态度。

1967 年的夏天，对于美国跳水运动员乔妮来说是一段伤心的日子，她在一次跳水事故中身负重伤，全身瘫痪，只剩下脖子以上可以活动。

乔妮哭了，她躺在病床上彻夜难眠。她怎么也摆脱不了那场噩梦。跳板为什么会滑？为什么她会恰好在那时跳下？不论家人怎样劝慰，她总认为命运对她实在不公。出院后，她叫家人把她推到跳水池旁，她注视着那蓝盈盈的水面，仰望那高高的跳台。她再也不能站立在光洁的跳板上了，那温柔的水再也不会溅起朵朵美丽的水花拥抱她了，她又掩面哭了起来。从此她被迫结束了自己的跳水生涯，离开了那条通向跳水冠军领奖台的路。

她曾经绝望过，但现在，她拒绝了死神的召唤，开始冷静思索人生的意义和生命的价值。她借来许多介绍前人如何成才的书籍，一本一本认真地读了起来。她虽然双目健全，但读书也是很艰难的，只能靠嘴衔小竹片去翻书，劳累、伤

痛常常迫使她停下来。休息片刻后，她又坚持读下去。通过大量的阅读，她终于领悟到：我是残疾了，但许多人残疾了之后，却在另外一条道路上获得了成功，他们有的成了作家，有的创造了盲文，有的创造出美妙的音乐，我为什么不能？于是，她想到了自己中学时代喜欢画画。我为什么不能在画画上有所成就呢？这位纤弱的姑娘变得坚强、自信起来了。她捡起了中学时代曾经用过的画笔，用嘴衔着，开始了练习。

这是一个常人难以想象的艰辛过程。家人担心她累坏了，于是纷纷劝阻她："乔妮，别那么死心眼儿了，哪有用嘴画画的？我们会养活你的。"可是，他们的话反而激起了她学画的决心，"我怎么能让家人一辈子养活我呢？"她更加刻苦了，常常累得头晕目眩，甚至有时委屈的泪水把画纸也淋湿了。为了积累素材，她还常常乘车外出，拜访艺术大师。好些年头过去了，她的辛勤劳动没有白费，她的一幅风景油画在一次画展上展出后，得到了美术界的好评。后来，乔妮决心涉足文学。她的家人及朋友们又劝她了："乔妮，你绘画已经很不错了，还搞什么文学，那会更苦了你自己的。"她没有说话，想起一家刊物曾向她约稿，要谈谈自己学绘画的经过和感受，她用了很大力气，可稿子还是没有完成，这件事对她刺激太大了，她深感自己写作水平差，必须一步一个脚印去学习。

这是一条通向光荣和梦想的荆棘路，虽然艰辛，但乔妮仿佛看到艺术的桂冠在前面熠熠闪光，等待她去摘取。

是的，这是一个很美的梦，乔妮要圆这个梦。终于，又经过许多艰辛的岁月，这个美丽的梦终于成了现实。1976 年，她的自传《乔妮》出版并轰动了文坛，她收到了数以万计的热情洋溢的信。又两年过去了，她的《再前进一步》一书又问世了，该书以作者的亲身经历，告诉所有的残疾人，应该怎样战胜病痛，立志成才。后来，这本书被搬上了银幕，影片的主角就是由她自己扮演的。她成了青年们的偶像，成了千千万万个青年自强不息、奋进不止的榜样。

乔妮是好样的，她用自己的行动向我们说明了这样一个道理：你的生命没有残缺，无论你的命运面临怎样的困厄，它们也丝毫阻止不了你实现自己的人生价值，相反，它们会成为你人生道路中一笔宝贵的精神财富。

如果为了没有鞋而哭泣，看看那些没有脚的人

有这样一句话：“在这个世界上，你是自己最好的朋友，你也可以成为自己最大的敌人。”当你接受自己、爱自己时，你的心里就充满了阳光；而当你排斥自己、讨厌自己时，你的心灵就会覆盖冰雪。要知道，微不足道的一点烦恼也可以毁掉你的整个生活。

有一个富翁，为了教育每天精神不振的孩子知福惜福，

便让他到当地最贫穷的村落住了一个月。一个月后，孩子精神饱满地回家了，脸上并没有带着“下放”的不悦，这让富爸爸感到不可思议。爸爸想要知道孩子有何领悟，问儿子：“怎么样？现在你知道，不是每个人都能像我们这样生活吧？”

儿子说：“是的，他们过的日子比我们还好。

“我们晚上只有灯，他们却有满天星空。

“我们必须花钱才买得到食物，他们吃的却是自己的土地上栽种的免费粮食。

“我们只有一个小花园，对他们来说到处都是花园。

“我们听到的都是噪声，他们听到的都是自然音乐。

“我们工作时神经紧绷，他们一边儿工作一边儿大声唱歌。

“我们要管理用人、员工，他们只要管好自己。

“我们要关在房子里吹冷气，他们在树下乘凉。

“我们担心有人来偷钱，他们没什么好担心的。

“我们老是嫌菜不好，他们有东西吃就很开心。

“我们常常失眠，他们睡得很安稳。

“所以，谢谢你，爸爸。你让我知道，我们可以过得那么好。”

很多刚刚踏入社会的年轻人，无论思想还是为人处世，都有很多不成熟的地方，却又敏感异常。他们希望事事做到完美，人人都能赞许他。但当这种想法不能实现时，他们就很轻易地陷入不如意的境地，觉得自己是全世界最倒霉的人了。

也许，你并不确切地了解自己幸运与否。没关系，这儿有一份专家们的“全球报告”，来细细地对照一下吧：

如果我们将全世界的人口压缩成一个 100 人的村庄，那么这个村庄将有：

57 名亚洲人，21 名欧洲人，14 名美洲人和大洋洲人，8 名非洲人；52 名女人和 48 名男人；30 名白人和 70 名非基督教徒；89 名异性恋和 11 名同性恋；6 人拥有全村财富的 89%，而这 6 人均来自美国；80 人住房条件不好；70 人为文盲；50 人营养不良；1 人正在死亡；1 人正在出生；1 人拥有电脑；1 人（对，只有一人）拥有大学文凭。

如果我们从这种压缩的角度来认识世界，我们就能发现：

假如你的冰箱里有食物可吃，身上有衣可穿，有房可住，有床可睡，那么你比世界上 75% 的人都富有。

假如你在银行有存款，钱包里有现钞，口袋里有零钱，那么你属于世界上 8% 最幸运的人。

假如你父母双全没有离异，那你就是很稀有的地球人。

假如你今天早晨起床时身体健康，没有疾病，那么你比其他几千万人都幸运，他们甚至看不到下周的太阳。

假如你从未尝试过战争的危险、牢狱的孤独、酷刑的折磨和饥饿的煎熬，那么你的处境比其他 5 亿人要好。

假如你读了以上的文字，说明你就不属于 20 亿文盲中的一员，他们每天都在为不识字而痛苦……

看吧，我们原来这么幸运。只要肯用心去面对，用心去体会，我们当下拥有的，足以幸福一生了。

学会豁达一些，在盯着他人财富的同时，也细细清点一下自己的所有，你会发觉，自己的运气其实一点都不差。

坎坷并非苦难，而是财富

路如蛛网。

老人端坐蛛网中央。

远远地，一个黑点在网上移动。

渐渐地，近了，近了，老人看清，那是一个魁伟英俊、朝气蓬勃的年轻人。年轻人着一身牛仔服，穿一双登山鞋，背一个旅行包，拄一根铁拐杖，正急急地向老人靠近。

年轻人来到老人面前，深深地鞠了一躬。

“老大爷，我要到山那边去，该走哪条路？”

老人缓缓地抬起右手，伸出三个指头，反问道：“左、中、右三条路，你想走哪一条？”

年轻人踌躇了一会儿，说：“左边。”

“左边的路坎坷不平！”

老人说完，闭上了眼睛。

年轻人二话没说，拄着拐杖，走了。

不知过了多久，年轻人又来到老人面前。

“老大爷，我必须到山那边去，但怎么也走不出那些坎坷，您老人家能告诉我出山的路吗？”

老人又缓缓地抬起右手，伸出三个指头：“左、中、右，你想走哪条路？”

“右边的。”年轻人声音很轻，似乎不好意思了。

“右边的路，布满荆棘！”

老人说完，又闭上了眼睛。

年轻人呆呆地望了老人一会儿，拄着拐杖，一步一步地走了。

不知过了多久，年轻人再次来到老人面前。他放下背包，席地而坐，喘了几口粗气，才说：“老大爷，我一定要到山那边去，但走来走去，总是在原地打转，走不出迷惑的荆棘。您老人家能帮帮忙，告诉我出山的路吗？”

老人还是缓缓地抬起右手，伸出三个指头：“左、中、右，你想走哪一条路？”

“我想走一条平坦的路！”年轻人毫不犹豫地回答，脸上掠过一丝笑容。

“平坦的路是没有的啊！”老人说完，眼光却似乎充满了鼓励。

年轻人用沉思的眼光扫了老人一眼，似乎明白了老人的用意，背起背包，拄着拐杖，一步一步，坚定地向前走去。

人生本无坦途，在漫长的道路上，谁都难免遇上厄运和不幸。但生活的脚步不论是沉重、还是轻盈，我们从中不仅要品尝失败的痛苦，同时也应该学会享受收获与快乐。只要我们善于总结失败的教训，在哪里跌倒就在哪里爬起来，告别迷惘的昨天，珍惜美好的今天，微笑着面对明天，充满信心展望更加灿烂的后天。不管是从辉煌成功中走出，还是在失败中奋起，漫漫人生路，踏平坎坷成大道，才是我们不懈的追求。

一家公司的主管，在一次培训课上用一幅图诠释了一个人生寓意。

他首先在黑板上画了一幅图：在一个圆圈中间站着一个人。接着，他在圆圈的里面加上了一座房子、一辆汽车、一些朋友。

主管说："这是你的舒服区。这个圆圈里面的东西对你至关重要：你的住房、你的家庭、你的朋友，还有你的工作。在这个圆圈里面，人们会觉得自在、安全，远离危险或争端。现在，谁能告诉我，在你跨出这个圈子后，会发生什么？"

教室里顿时鸦雀无声，一位积极的学员打破沉默："会害怕。"

另一位说："会出错。"

这时，主管微笑着说："当你犯错误了，其结果是什么呢？"

最初回答问题的那名学员大声答道："我会从中学到东西。"

主管说："是的，你会从错误中学到东西。在你离开舒服区以后，你学到了你以前不知道的东西，你增加了自己的见识，所以你进步了。”

主管再次转向黑板，在原来那个圈子之外画了个更大的圆圈，还加上些新的东西，包括更多的朋友、一座更大的房子等。

“如果你总是在自己的舒服区里打转，你就永远无法扩大你的视野，永远无法学到新的东西。只有跨出舒服区以后，你才能使自己人生的圆圈变大，你才能把自己塑造成一个更优秀的人。”主管说道。

的确，在这个世界上，没有一成不变的环境与事物，每个人随时随地可能都需要转换生存方式、生存环境、生存角色、生存意识。如果始终拘泥于一种思考方式、一个固定的位置，就会成为井底之蛙，看不到更广阔的空间，得不到更长远的发展。

人类科学史上的巨人爱因斯坦，在报考瑞士联邦工艺学校时，竟因3科不及格落榜，被人嘲笑为“低能儿”。被誉为“东方卡拉扬”的日本著名指挥家小泽征尔，在初出茅庐的一次指挥演出中，曾被中途“轰”下场来，紧接着又被解聘。为什么厄运没有摧垮他们？因为他们始终把坎坷看作人生的轨迹，是人生的一种磨炼。假如他们没有当时的厄运和无奈，也许就没有日后绚丽多彩的人生。

世上有许多的事情是难以预料的。成功伴随着失败，失败伴随着成功。面对成功或荣誉，不要狂喜，也不要盛气凌人，把功名利禄看轻些，看淡些；面对挫折或失败，要像爱因斯坦、小泽征尔那样，不要忧伤，更不要自暴自弃，要把厄运羞辱看远些，看开些。

漫长的人生道路上，难免会有得意与失落的时候，十年河东十年河西，在困难到来的时候，不需要你拼命地往前冲，只要你别向后退缩，咬着牙挺过去，把手头的事做好了，幸福也就不远了。

人生本无坦途，太顺利了未必就是一件好事，人的一生，既要享受生活带给你的幸福，也要能承受生活带给你的磨难。生活是一把双刃剑，穷有穷的开心，富也有富的烦恼。重要的是你的心态，心态不好你的快乐就会很少，心态好了快乐就会随时在你身边。

在通向成功的人生道路上布满了荆棘，充满数不清的艰难、困苦、辛酸与煎熬。人世间的风风雨雨，就是这个世界赐予我们的智慧，一个人越是经风雨见世面，他的阅历就越广，阅历越广，大脑开发的程度就越高，大脑开发的程度越高，拥有的智慧就越多。

踏平坎坷是坦途，一个人一生中的坎坷，不是苦难，而是财富。每一个挫折与失败，都是一次痛苦的记忆和教训，但也是灯塔、航标，是未来人生路上的指南针。

无论是面对逆境，还是一直走在坦途上，只有怀着积极心态的人，才能不断地超越自己，才能在未来世界的发展之中立于不败之地。因此，我们每个人都要勇于更新自己的思维方式，转换自己的生存状态，调整自己的前进步伐。

日子难过，更要认真地过

当你埋怨自己被苦日子折磨时，你是否想过，其实这境遇只是由于你不认真对待生活造成的呢？日子难过，更要认真地过。有个学者说过：“人生的棋局，只有到了死亡时才结束，只要生命还存在，就有挽回棋局的可能。”

生活拮据，日子难过，大部分人的生活都过得很辛苦。但是，在你埋怨苦日子折磨人的时候，不妨仔细想想：在这些难过的日子当中，你认真生活了几天？

地铁上，两个年纪40岁左右的女人在说话，一个说：“这日子真的是没法过下去了，我真是再也受不了了。他居然跟我说要把房子卖了，你想想，把房子卖了我们住到哪里去啊？没想到跟了他这么多年，现在居然落到这样的地步。”

另一个说：“那不行啊，就算是把房子卖了，这样下去也是坐吃山空，还是要想办法让他出去工作才行。”

“谁说不是呢？！可是他要是肯听我的就好了。现在他什么朋友都没有，什么人也不愿意见，整天待在家里，孩子也怕他，他随时都会发火，我都烦死了。这样的日子难过死了，死了倒还痛快了！”

“唉……”

原来这个家里的男主人，下岗了之后也找过几个工作，但做了一段时间都不成功，意志愈加消沉。于是女主人对他越来越不满意，软的硬的都没什么用，于是家里开始硝烟弥漫，大吵小吵没有断过。

眼看着家里就女主人一个人上班以维持家用，她心里也着急，可是又不知道用什么方法来让老公重整旗鼓。男主人于是提出把房子卖了租房子住，于是又展开了新一轮的战争。

女人开始感叹，当初怎么嫁了这样的男人，还不如嫁给×××。她说："这日子过不下去了！"

人生就是这样：苦多于乐！

美国教育学家乔治·桑塔亚纳说："人生既不是一幅美景，也不是一席盛宴，而是一场苦难。"不幸的是，当你来到这世界那一天，没有人会送你一本生活指南，教你如何应付命运多舛的人生。也许青春时期的你曾经期待长大成人以后，人生会像一场热闹的派对，但在现实世界经历了几年风雨后，你会幡然醒悟，人生的道路原来布满荆棘。

无论你是老是少，都请不要奢望生活越过越顺遂，因为你会发现大家的日子都很难熬。再怎么才华横溢、家财万贯，照样逃离不了挫折、困顿。人人都要经历某种程度的压力和痛苦，而且难保不会遇上疾病、天灾、意外、死亡及其他不幸，谁都无法做到完全免疫，就算成功人士也会承认这是个需要辛苦打拼的世界。精神分析学家荣格主张：人类需要逆境，逆境是迈向身心健康的必要条件。他认为遭遇困境能帮助我们获得完整的人格与健全的心灵。

人的一生总有许多波折，要是你觉得事事如意，大概是误闯了某条单行道。也许你曾拥有一段诸事顺利的日子，于是志得意满的你开始以为你已看穿人生是怎么回事，一切如鱼得水，悠游自在。可惜就在你相信自己蒙天赐之福时，却发生了好运化为乌有的意外。

美国作家诺瑞丝拥有一套轻松面对生活的法则：人生比你想象中好过，只要接受困难、量力而为、咬紧牙关就过去了。你跨出的每一步，都能助你完成学习之旅。面临生活的考验时，耐力越高，通过的考验也越多。所以要放松心情，靠意志力和自信心冲破难关。

保持积极的人生观，可以帮助你了解逆境其实很少危害生命，只会引起不同程度的愤慨，何况一定的压力也有好处。舒适安逸的生活无法带给人快乐与满足，人生若是少了有待克服的障碍、有待解决的问题、有待追求的目标、有待完成的使命，便毫无成就感可言了。

人生是一场学习的过程，接二连三的打击则是最好的生活导师。享乐与顺境无法锤炼人格，逆境却可以。一旦渡过了难关，遇到再糟的情况也不会惊慌。人生有甘也有苦，物质环境的优劣与生活困厄的程度毫无瓜葛，重要的是我们对环境采取何种反应。接受好花不常开的事实，日子会优哉许多。记住这句话：人生苦多于乐，要勇敢面对。

帕克说："你天天那么开心，我也为此感到高兴。"

算工钱的时候，油漆匠少算了 100 元。

帕克和油漆匠说："你少算了工钱。"

油漆匠说："我已经多拿了，一个等待失明的人还那么平静，你告诉了我什么叫勇气。"

但帕克却坚持要将这 100 元给油漆匠，帕克说："我也知道了原来残疾人也可以自食其力，并生活得很快乐。"

——油漆匠只有一只手。

哀莫大于心死，只要自己还持有一颗乐观、充满希望的心，身体的残缺又有什么影响呢？要学会享受生活，只要还拥有生活的勇气，那么你的人生仍然是五彩缤纷的。

人的潜力是无穷的，世界上没有任何事情能够将人的心完全压制。只要相信自己，人生就没有承受不了的事。至于受老板的责骂、受客户的折磨这种小事，你还会在乎吗?

再苦也要笑一笑，得多得少别计较

再苦也要笑一笑，是一种乐观的心态。它是面对失败时的坦然，是身处险境时的从容。它可以使你学会欣赏日出时的活力四射、光彩照人，也可以令你驻足感受落日时的安闲柔和、娴静雅致。它可以让你喜欢春的烂漫、夏的炽烈，也可以让你体会到秋的丰盈、冬的清冽。人生中，不尽如人意者十之八九。你可能在吃饭的时候不小心被噎住了，可能在出门的时候踩了一脚烂泥，也可能生了病住进了医院。每一天，在我们身边都有可能发生这样的事情，而且很多时候来得还很突然，让我们没有一点准备。面对这样突如其来的事情，即使你的心里再苦，也请笑一笑。

再苦也要笑一笑，你的眼泪对谁都不重要。得多得少别去计较，总得有人过得比你好。再苦也要笑一笑，即使石头砸到自己的脚，痛不痛反正只有脚知道，有人想砸还砸不到。再苦也要笑一笑，上天自有公道，无论走到哪里，总会有人比你更糟，这个世界刚刚好。柯林斯先生是一家饭店的经理，他的心情总是很好。

每当有人客套地问他近况如何时，他总是不假思索地回答："我快乐无比。"每当看到别的同事心情不好，柯林斯就会主动打探内情，并且为对方出谋献策，引导他去看事物好的一面。他说："每天早上，我一醒来就对自己说，柯林斯，你今天有两种选择，你可以选择心情愉快，也可以选择心情不好，我选择心情愉快。每次有坏事发生，我可以选择成为一个受害者，也可以选择主动面对各种处境。归根结底，你自己选择如何面对人生。"

然而，即便是这样一个乐观积极的人，也会遇到不测。

有一天，柯林斯被三个持枪的歹徒拦住了。歹徒无情地朝他开了枪。幸好发现得早，柯林斯被送进急诊室。经过 18

个小时的抢救和几个星期的精心治疗，柯林斯出院了，只是仍有小部分弹片留在他体内。

半年之后，柯林斯的一位朋友见到他，朋友关切地问他近况如何。

他说："我快乐无比。想不想看看我的伤疤？"

朋友好奇地看了伤疤，然后问他受伤时想了些什么。

柯林斯答道："当我躺在地上时，我对自己说我有两个选择：一是死，一是活，我选择活。医护人员都很善解人意，他们告诉我，我不会死的。但在他们把我推进急诊室后，我从他们的眼神中读到了'他是个死人'。

"那一刻，我感受到了死亡的恐惧。我还不想死，于是我知道我需要采取一些行动。"

"你采取了什么行动？"朋友问。

柯林斯说："有个护士大声问我有没有对什么东西过敏。我马上答：'有的。'这时所有的医生、护士都停下来等我说下去。我深深吸了一口气，然后大声吼道：'子弹！'在一片大笑声中，我又说道：'请把我当活人来医，而不是死人。'"柯林斯就这样活下来了。

苦难并不可怕，只要心中的信念没有萎缩，人生旅途就不会中断。柯林斯非常珍惜自己的生命，面对死亡，面对被子弹击中的痛苦，尚能够如此乐观和坦然，这是他能够获得重生最重要的条件。

所以你要微笑着面对生活，不要抱怨生活给了你太多的磨难，不要抱怨生活中有太多的挫折，更不要抱怨生活中存在的不公。

当你走过世间的繁华，阅尽世事，你就会明白：人生不会太圆满，再苦也要笑一笑。

第3章

时间用在哪里，掌声就在哪里

给自己定一个终生目标

志存高远，执着追求，是一切成功者的共同特征。

放眼古今中外，无数杰出人士都具有远大的终生目标。汉代司马迁一生著《史记》，“欲究天人之际，成一家之言”；鲁迅“横眉冷对千夫指，俯首甘为孺子牛”，用一支笔为同胞呐喊终生。

有一年，一群踌躇满志、意气风发的天之骄子从哈佛大学毕业了，他们的智力、学历、环境条件都相差无几。临出校门，哈佛大学对他们进行了一次关于人生目标的调查。结果是这样的：

27%的人，没有目标；60%的人，目标模糊；10%的人，有清晰但比较短期的目标；3%的人，有清晰而长远的目标。

25年后，哈佛大学再次对这群学生进行了跟踪调查。结果是这样的：

3%的人，25年间朝着一个方向不懈努力，几乎都成为社会各界的成功之士，其中不乏行业领袖、社会精英；

10%的人，他们的短期目标不断实现，成为各个领域中的专业人士，大都生活在社会的中上层；

60%的人，安稳地生活与工作，但都没有什么特别的成绩，几乎都生活在社会的中下层；

剩下27%的人，生活没有目标，过得很不如意，并且常常在埋怨他人、抱怨社会、抱怨这个“不肯给他们机会”的世界。

其实，他们之间的差别仅仅在于25年前，他们中的一些人知道自己的人生目标，而另外一些人则不清楚自己的目标或目标模糊。

一个没有目标的人，很容易受到一些微不足道的诸如忧虑、恐惧、烦恼和自怜等情绪的困扰。所有这些情绪都是软弱的表现，都将导致无法回避的过错、失败、不幸和失落。因为在一个权力扩张的世界里，软弱是不可能保护自己的。

一个人应该在心中树立一个目标，然后着手去实现它。他应该把这一目标作为自己思想的中心。这一目标可能是一种精神理想，也可能是一种世俗的追求，这当然取决于他此时的本性。但无论是哪一种目标，他都应将自己思想的力量全部集中于他为自己设定的目标上面。他应把自己的目标当作至高无上的任务，应该全身心地为它的实现而奋斗，而不允许他的思想因为一些短暂的幻想、渴望和想象而迷路。

终生目标应该是一个人终生所追求的固定的目标，生活中其他的一切事情都围绕着它而存在。

为了找到或找回你人生的主要目标，年轻朋友可以问自己几个问题，比如：

我想在我的一生中成就何种事业？

临终之时回顾往事，一生中最让我感到满足的是什么？

在我的日常生活中哪一类的成功最使我产生成就感?

我最热爱的工作是什么?

如果把它作为自己终生的事业，怎样做到在有利于自己的同时，也对别人有帮助?

我有哪些特殊的才能和禀赋?

我周围有什么资源可以帮助我实现自己的目标?

除此以外，我还需要什么才能实现自己的目标?

有没有什么职业是我内心觉得有一种声音在驱使我去做的，而且它同时也会让我在物质上获得成功?

阻碍我实现自己目标的因素又有哪些?

我为什么没有现在去行动，而是仍然在观望?

要行动的话，第一步该做什么?

……

年轻的朋友，认真、慎重地思考上述问题，你会发现，它对你寻找、定位自己的远大目标，将有切实的帮助。

努力找到我们的终生目标吧，它是人生永远不枯竭的原动力。

每天都知道下一步要做什么

古人说：“千里之行，始于足下。”我们青少年在设定终生目标后，应该将目标分成几个可以实现的小目标，然后为每一步小目标规定切实可行的期限，这样，从一开始我们就能看到成功，有利于自信心的不断提高。这有点儿类似于远征，一步一步地走，一段一段地走，最终到达目的地。每走完一段路，离目标更近，自信心也就更强。

我们每一天都应问自己：

现在在人生之中算是一个什么样的时期，是不是符合发展目标？每天都在做什么，得到的是不是现在最想要的或是最应该得到的？明天应该做什么，下一步应该做什么，要为完成目标准备些什么？手里的东西是否可以放下，是否真的愿意……

几十年前，一个在贫民窟里长大的、身体瘦弱的穷小子，却在日记里立志长大后要做美国总统。但如何能实现这样宏伟的抱负呢？年纪轻轻的他，经过几天几夜的思索，拟定了这样一系列的连锁目标：

做美国总统首先要做美国州长，要竞选州长必须得到有雄厚财力的后盾的支持，要获得财团的支持就一定得融入财团，要融入财团就最好娶一位豪门千金，要娶一位豪门千金必须成为名人，成为名人的快速方法就是做电影明星，做电影明星的前提是练好身体、练出阳刚之气。

按照这样的思路，他开始一步步地走下去。一天，他看到了著名的体操运动主席库尔后，他相信练健美是强身健体的好点子，因而萌生了练健美的兴趣。他开始刻苦而持之以恒地练习健美，他渴望成为世界上最结实的壮汉。3年后，借着发达的肌肉，一身雕塑似的体魄，他成为健美先生。

在以后的几年中，他成为欧洲、世界、奥林匹克的健美先生。在22岁时，他踏入了美国好莱坞。在好莱坞，他花费了10年，利用在体育方面的成就，一心去表现坚强不屈、百折不挠的硬汉形象。终于，他在演艺界声名鹊起。当他的电影事业如日中天时，女友的家庭在二人相恋9年后，也终于接纳了这位“黑脸庄稼人”。他的女友就是赫赫有名的肯尼迪总统的侄女。

恩爱的婚姻生活过去了十几个春秋。他与太太生育了4个孩子，建立了一个“五好”的典型家庭。2003年，年逾57岁的他，告老退出了影坛，转为从政，成功地竞选成为美国加州州长。

他就是阿诺德·施瓦辛格。

如同施瓦辛格一样，渴望杰出的青少年每天都应知道下一步要做什么。

你需要有一个详细的个人发展计划。这个计划可以是一个5年的计划，也可以是一个10年、20年的计划。不管是属于何种时间范围的计划，它至少应该能够回答如下问题：

1.我要在未来5年、10年或20年内实现什么样的一些职业或个人的具体目标?

2.我要在未来5年、10年或20年内挣到多少钱或达到何种程度的挣钱能力?

3.我要在未来5年、10年或20年内有什么样的一种生活方式?

著名的潜能开发专家安东尼·罗宾曾提出如下建议，相信对我们会大有裨益：

好好计划每一天的生活。你希望和谁在一起呢？你要做什么？你要如何开始这一天？你要朝哪一个方向前进？你要得到什么样的结果？希望你从起床开始，一直到上床，全天都有妥当的计划。

年轻的朋友，别忘了，你所有的结果与行为都来自内心的构思，因此就照你所期望的方式，好好计划你的每一天吧！

许下一个愿望，用行动去实现

有一个很落魄的青年人，每隔三两天就到教堂祈祷，而他的祷告词几乎每次都相同。

第一次，他来到教堂跪在圣坛前，虔诚地低语："上帝啊，请念在我多年敬畏您的分儿上，让我中一次彩票吧！"

几天后，他又垂头丧气地回到教堂，同样跪着祈祷："上帝啊，为何不让我中彩票呢？请您让我中一次彩票吧！"又过了几天，他再次去教堂，同样重复他的祈祷。如此周而复始，不间断地祈求着，直到最后一次，他跪着说："我的上帝，为何您听不到我的祈求？让我中彩票吧！只要一次就够了……"就在这时，圣坛上突然发出了一个洪亮的声音："我一直在垂听你的祷告，可是，最起码你也应该先去买一张彩票吧！”

这个看似荒诞的故事也说明了一个问题：一旦有了梦想，就必须用行动去实现。如果有梦想而没有努力，有愿望而不能拿出力量来实现，这是不足以成事的。只有下定决心，历经学习、奋斗、成长，才有资格摘下成功的甜美果实。

而大多数的人，在开始时都拥有很远大的梦想，只是他们从未采取行动去实现这些梦想，缺乏决心与实际行动的梦想于是开始萎缩，种种消极与不可能的思想衍生，甚至于就此不敢再存任何梦想，过着随遇而安、乐天知命的平庸生活。

这也是成功者总是占少数的原因。

英国前首相本杰明·迪斯雷利曾指出，虽然行动不一定能带来令人满意的结果，但不采取行动就绝无满意的结果可言。

因此，如果你想取得成功，就必须先从行动开始。一个人的行为影响他的态度，行动能带来回馈和成就感，也能带来喜悦。

天下最可悲的一句话就是：“我当时真应该那么做，但我却没有那么做。”经常会听到有人说：“如果我当年就开始那笔生意，早就发财了！”一个好创意胎死腹中，真的会叫人叹息不已，永远不能忘怀。如果真的彻底施行，当然就有可能带来无限的满足。

年轻的朋友，你现在已经有一个好愿望，想到一个好创意了吗？如果有，马上行动。

将一个愿望真正落实到行动上，应遵循以下原则：

1.做好各种准备工作，考察愿望是否切实可行。

2.制订每年、每月、每日的行动步骤表，按计划去做。

3.安排好行动计划的轻重缓急、先后次序。

4.行动方案应明晰化、细致化，这样落实起来，才能到位，才能更有效率。

远大的目标是成功的磁石

有什么样的理想，将决定你成为什么样的人。远大的目标是成功的磁石。

被誉为发明之父的爱迪生，小时候只上了几个月的学，就被老师辱骂为愚蠢糊涂的低能儿而退学了。爱迪生为此十分伤心，他痛哭流涕地回到家中，要妈妈教他读书，并语出惊人地说："长大了一定要在世界上做一番事业。"这句话出自当时被认为是愚钝儿的爱迪生之口，未免显得荒唐可笑。但是，正是由于爱迪生自小就确立了一个远大志向，惊人的目标使他越过前进道路上的坎坎坷坷，成为举世闻名的发明家。

要想成功就要设定目标，没有目标是不会成功的。目标就是方向，就是成功的彼岸，就是生命的价值和使命。

志当存高远，是著名政治家和军事家诸葛亮的一句名言。诸葛亮在青年时代就具备了远大的志向，在出茅庐之前就自比管仲、乐毅，就想干一番大事业。远大的志向加上良好的机遇，使他成就了一番伟业。

著名作家高尔基说过：“我常常重复这一句话：一个人追求的目标越高，他的能力就发展得越快，对社会就越有益。我确信这是个真理。这个真理是我的全部生活经验，是我观察、阅读、比较和深思熟虑了一切之后才确定下来的。”高尔基用自己的一生验证了自己的这段名言。

钢铁大王卡内基原本是一家钢铁厂的工人，但他凭着制造及销售比其他同行更高品质的钢铁的明确目标，而成为全美最富有的人之一，并且有能力在全美国小城镇中捐资盖图书馆。

谚语云：如果你只想种植几天，就种花儿；如果你只想种植几年，就种树；如果你想流传千秋万世，就种植观念！

对于你来说，你的过去或现在是什么样并不重要，你将来想要获得什么成就才是最重要的。你必须对你的未来怀有远大的理想，否则你就不会做成什么大事，说不定还会一事无成。

理想是同人生奋斗目标相联系的有实现可能的想象，是人的力量的源泉，是人的精神支柱。如果没有理想，岁月的流逝只意味着年龄的增长。

有了远大的理想，还要有看得清、瞄得着的射击靶。目标必须是明晰的、具体的、现实的、可以操作的，当然，这是为理想服务的短期目标。只有实现一个个短期目标，才能筑起成功的大厦。

一位美国的心理学家发现，在为老年人开办的疗养院里，有一种现象非常特别：每当节假日或一些特殊的日子，像结婚周年纪念日、生日等来临的时候，死亡率就会降低。他们中有许多人为自己立下一个目标：要再多过一个圣诞节、一个纪念日、一个国庆日等。等这些日子一过，心中的目标、愿望已经实现，继续活下去的意志就变得微弱了，死亡率便立刻升高。生命是可贵的，并且只有在它还有一些价值的时候去做应该做的事，去实现自己的目标，人生才会有意义。

要攀到人生山峰的更高点，当然必须要有实际行动，但是首要的是找到自己的方向和目的地。如果没有明确的目标，更高处只是空中楼阁，望不见更不可及。如果我们想要使生活有突破，到达很新且很有价值的目的地，首先一定要确定这些目的地是什么。只有设定了目的地，人生之旅才会有方向、有进步、有终点、有满足。

明白了你的命运来自你的奋斗目标，你就会给自己一个希望，你就会在你的内心祈祷，你对自己说：我一定要做个伟大的人。只要你这样想这样做，你就一定会像你所想象的那样，成为一个伟大的人。

让我们为自己找一个梦想，树立一个目标吧，人生因有远大的目标而伟大！

你决定自己要成为的那个人

我们常说的“燕雀安知鸿鹄之志”的典故出于《史记·陈涉世家》。

陈胜是阳城人（今郑州登封）。他年轻时是个雇工，给人耕田种地，长年累月像牛马一样受苦受罪，心里很是不平。有一天，在耕地中途他忽然停下手来，走到田垄上，握拳作势，怅然愤恨了许久，然后对伙伴们说：“要是将来谁富贵了，彼此都不要忘掉。”伙伴们笑着回他说：“你是个雇佣耕田工，哪里会有什么富贵呢？”陈胜叹息道：“唉，燕雀安知鸿鹄之志哉（燕子、麻雀这些小鸟哪里能理解大雁和天鹅的志向啊）？”这个故事表明了秦末农民起义领袖之一陈胜年少时就有像大鸟鹏程万里的远大志向。

所以说，确立远大的志向对于我们的人生具有重要的意义。志向作为一种价值目标，能够激发人们的意志和激情，产生一种强大的精神动力，激励人们以积极、主动、顽强的精神投身于生活，对人生抱有积极向上的进取精神和乐观态度。

在我国历史上，那些人民英雄、民族英雄都是具有远大志向的人。

夏禹为了治水，九年在外，三过家门而不入。

但如果没有坚持下去，无论再大的志向也只是一场幻想；而那些志向坚定的人，无论他们的志向是小是大，那也是真正的“鸿鹄之志”！

定位改变人生

切合实际的定位可以改变我们的人生。

一件商品、一项服务、一家公司，甚至是一个人，都需要定位。

人生重要的是找到自己的位置，并做好所有这个位置要做的事情。坐在自己的位置上，最心安理得，也最长久。

在暴风雨过后的一个早晨，海边沙滩的浅水洼里留下许多被昨夜的暴风雨卷上岸来的小鱼。它们被困在浅水里，虽然近在咫尺，却回不了大海。被困的小鱼有几百条，甚至几千条。用不了多久，浅水洼里的水就会被沙粒吸干，被太阳蒸干，这些小鱼都会因干燥而死。

海边有三个孩子。第一个孩子对那些小鱼视而不见。他心想：这水洼里有成百上千条鱼，以我一人之力是根本救不过来的，我何必白费力气呢？

第二个孩子在第一个水洼边弯下腰去——他在拾起水洼里的小鱼，并且用力把它们扔回大海。第一个孩子讥笑第二个孩子：“这水洼里这么多鱼，你能救得了几条呢？还是省点儿力气吧！”

“不，我要尽我所能去做！”第二个孩子头也不抬地回答。

“你这样做是徒劳无功的，有谁会在乎呢？”

“这条小鱼在乎！”第二个孩子一边儿回答，一边儿拾起一条小鱼扔进大海。“这条在乎，这条也在乎，还有这一条、这一条、这一条……”

第三个孩子心里在嘲笑前面两个家伙没有脑子：天上掉馅饼，多好的发财机会呀，干吗不紧紧抓住呢？于是，第三个孩子埋头把小鱼装进用自己的衣服做成的布袋里……

多年后，第一个孩子做了医生。他当班的时候，因为嫌病人家属带的钱太少而拒收一位生命垂危的伤者，致使伤者因没有得到及时的治疗而死去！迫于舆论压力，医院开除了见死不救的他。他心里觉得委屈。他想到了多年前海滩上的那一幕，始终不认为自己错了。“那么多的小鱼，我救得过来吗？”他说。

第二个孩子也做了医生。他医术高明，医德高尚，对待患者不论有钱没钱，都精心施治。他成了当地群众交口称赞的名医。他的脑子里也经常浮现出多年前海滩上的那一幕。“我救不了所有的人，但我还是可以尽我所能救一些人的，我完全可以减轻他们的痛苦。”他常常对自己说。

第三个孩子做了商人后，很快就发了横财。暴发后，他又用金钱开道，杀入官场，并且一路青云直上，最后，他因贪污受贿事发，被判处死刑。刑场上，他的脑子里浮现出多年前海滩上的那一幕：一条条小鱼在布袋里挣扎，一双双绝望的眼睛死死地瞪着他……

要找到自己的定位，必须首先了解自己的性格、脾气，了解了自己才能对自己有一个合适的定位。

每个人都可以在社会中寻找到适合自己的行业，并且把它做好。但并不是每个行业你都能做得最好，你需要寻找一个你最热爱、最擅长，能够做得最好的行业。

职业生涯定位就是自己这一辈子到底要成为一个什么样的人，自己的生命目的是什么，自己的核心价值观是什么，什么工作才是自己最好的工作，什么工作自己才能做得最好。

一个人的职业定位清晰，可以坚定自己的信念，可以明确自己的前进方向，可以发挥自己的最大潜能，可以实现自己的最大价值。毕竟，人生有限，我们没有太多的时间浪费在左右飘摇当中。

找到自己感兴趣的东西，找准自己的定位，是一个人成功的前提。

在给自己定位时，有一条原则不能变，即你无论做什么，都要选择你最擅长的。只有找准自己最擅长的，才能最大限度地发挥自己的潜能，调动自己身上一切可以调动的积极因素，并把自己的优势发挥得淋漓尽致，从而获得成功。

一个人只要找好自己的定位，然后为自己设定一个目标，用行动去实现自己的梦想，相信你以后也一定会成绩辉煌！

成功的秘诀，就是绝不放弃加一点忍耐

比尔·戴维斯是世界一流的保险推销大师。他的退休大会吸引了保险界的各路精英。许多同行问他：“推销保险的秘诀是什么？如何才能像你一样成功？”

比尔·戴维斯坐在台上，自信地微笑着，看来对回答这个问题胸有成竹，早有准备。

这时，全场灯光逐渐暗了下来，接着从幕后走出了4名彪形大汉。他们合力扛着一座铁马，铁马下垂着一个大铁球。当现场人士丈二和尚摸不着头脑时，铁马被抬到一个十分结实的讲台上。

比尔·戴维斯手执小锤，朝大铁球敲了一下，大铁球没有动；隔了5秒，他又敲了一下，大铁球还是没动。就这样，每隔5秒，他都再敲一下……

10分钟过去了，大铁球纹丝不动；20分钟过去了，大铁球依然纹丝不动；30分钟过去了，大铁球还是纹丝不动……

台下的同行开始骚动了，后来有人陆续离场而去，人越走越多，最后留下来的只有零星几个人。但是，比尔·戴维斯手执小锤，还是全神贯注地继续敲着大铁球。

经过40分钟后，大铁球终于开始慢慢地晃动起来，后来摇晃的幅度越来越大，就算有人想让大铁球立刻停下来，也

是很难办到的事情了！

留下来的几个同行兴奋了，又开始追问他："推销保险的秘诀是什么？如何才能像你一样成功？"

一直默默不语的比尔·戴维斯说：

"只要方向对头，成功者，绝不会放弃，直至取得成功。"

起点低不要紧，有想法就有地位

不可否认，因为出生背景、受教育程度等各方面原因，每个人的起点有高低之分，但是起点高的人不一定能将高起点当作平台，走向更高的位置。起点低也不怕，心界决定一个人的世界，有想法才有地位。二十几岁的年轻人首先要渴望成功，才会有成功的机会。

《庄子》开篇的文章是"小大之辩"。说北方有一个大海，海中有一条叫作鲲的大鱼，宽几千里，没有人知道它有多长。又有一只鸟，叫作鹏。它的背像泰山，翅膀像天边的云，飞起来，乘风直上九万里的高空，超绝云气，背负青天，飞往南海。蝉和斑鸠讥笑说："我们愿意飞的时候就飞，碰到松树、檀树就停在上边；有时力气不够，飞不到树上，就落在地上，何必要高飞九万里，又何必飞到那遥远的南海呢？"

那些心中有着远大理想的人往往不能为常人所理解的，就像目光短浅的麻雀无法理解大鹏鸟的鸿鹄之志，更无法想象大鹏鸟靠什么飞往遥远的南海。因而，像大鹏鸟这样的人必定要比常人忍受更多的艰难曲折，忍受心灵上的寂寞与孤独。他们就要更加坚强，把这种坚强潜移到他的远大志向中去，这就铸成了坚强的信念。这些信念熔铸而成的理想将带给大鹏鸟一颗伟大的心灵，而成功者正脱胎于伟大的心灵。尤其是起点低的人，更需要一颗渴望成功的进取心。

“打工皇后”吴士宏是第一个成为跨国信息产业公司中国区总经理的内地人，是唯一一个取得如此业绩的女性，她的传奇也在于她的起点之低——只有初中文凭和成人高考英语大专文凭。而她的秘诀就是“没有一点雄心壮志的人，是肯定成不了什么大事的”。

吴士宏年轻时命途多舛，还曾患过白血病。战胜病魔后她开始珍惜宝贵的时间。她仅仅凭着一台收音机，花了一年半时间学完了许国璋英语三年的课程，并且在自学的高考英语专科毕业前夕，她以对事业的无比热情和非凡的勇气通过外企服务公司成功应聘到IBM公司（International Business Machines Corporation，国际商业机器公司）。而在此前，外企服务公司向IBM推荐过好多人都没有被IBM聘用。她的信念就是：“绝不允许别人把我拦在任何门外！”

在IBM工作的最早的日子里，吴士宏扮演的是一个卑微的角色，沏茶倒水，打扫卫生，完全是脑袋以下肢体的劳作。在那样一个先进的工作环境中，由于学历低，她经常被无理非难。吴士宏暗暗发誓：“这种日子不会久的，绝不允许别人把我拦在任何门外。”后来，吴士宏又对自己说：“有朝一日，我要有能力去管理公司里的任何人。”为此，她每天比别人多花6个小时用于工作和学习。经过艰辛的努力，吴士宏成为同一批聘用者中第一个做业务代表的人。继而，她又成为第一批本土经理，第一个IBM华南区的总经理。

在人才济济的IBM，吴士宏算得上起点最低的员工了，但她十分“敢”想，想要“管理别人”。而一个人一旦拥有进取心，即使是最微弱的进取心，也会像一颗种子，经过培育和扶植，它就会茁壮成长，开花结果。

我们应该承认，教育是促使人获得成功的捷径。但吴士宏只有初中文凭和高考英语大专文凭，依然取得了成功。我们这里所指的教育是传统意义上的学校教育，你不妨就把它通俗而简单地理解为文凭。一纸文凭好比一块最有力的敲门砖，可能会有很多人质疑这一点，但是如果你知道人事部经理怎样处理成山的简历，你就会后悔当初没有上名牌大学了。他们会首先从学校中筛选，如果名牌大学应征者的其他条件都符合，他就不会再翻看其他的简历了。

但是，名牌大学就只有那么几所，独木桥实在难过。很多人在这一点上就落后了不少，于是在真正踏上社会，走入职场时，就会有起点差异。不过值得庆幸的是，很多成功者都是从低起点开始做起的，他们之所以能在落后于人的情况下后来居上，有进取心是不可忽略的一条。

“努力向前。”如果你发现自己在拒绝这种来自内心的召唤，这种催你奋进的声音，那你可要引起注意了。当这个来自内心、催你上进的声音回响在你耳边时，你要注意聆听它，它是你最好的朋友，将指引你走向光明和快乐，将指引你到达成功的彼岸。

第4章

别让当下的不敢，成为未来的遗憾

永不丧失勇气的人，永远不会被打败

乔很爱音乐，尤其喜欢小提琴。在国内学习了一段时间之后，他把视线转到了国外，他想出国深造，但是他在国外没一个认识的人，他到了那里如何生存呢？这些他当然也想过，但是为了自己的音乐之梦，他勇敢地踏出了国门。维也纳是他的目的地，因为那里是音乐的故乡。这次出国的费用家里辛辛苦苦地凑了出来，但是学费与生活费是无论如何也拿不出来了。所以，他虽然来到了音乐之都，却只能站在大学的门外，因为他没有钱。他必须先到街头上拉琴卖艺来赚够自己的学费与生活费。

幸运的是，乔在一家大型商场的附近找到一位为人不错的琴手，他们一起在那里拉琴。由于商场的地理位置比较优越，他们挣到了很多钱。

但是这些钱并没有让乔忘记自己的梦想。过了一段时日，乔赚够了自己必要的生活费与学费，就和那个琴手道别了。他要学习，要进入大学进修，要在音乐的学府里拜师学艺，要和琴技高超的同学们互相切磋。乔将全部的时间和精力都投注在提升音乐素养和琴艺之中。10年后，乔有一次路过那家大型商场，巧得很，他的老朋友——那个当初和他一起拉琴的家伙，仍在那儿拉琴，表情一如往昔，脸上露着得意、满足与陶醉。

那个人也发现了乔，很高兴地停下拉琴的手，热络地说道："兄弟啊！好久没见啦！你现在在哪里拉琴啊？"

乔回答了一个很有名的音乐厅的名字，那个琴手疑惑地问道："那里也让流浪艺人拉琴吗？"乔没有说什么，只淡淡地笑着点了点头。

其实，十年后的乔，早已不是当年那个当街献艺的乔了，他已经成为一位音乐家，经常应邀在著名的音乐厅中登台献艺，早就实现了自己的梦想。

我们的才华、我们的潜力、我们的前程，如果没有胆量的推动，很可能只是一场镜花水月，当梦醒来，一切也就醒了。

生命是储存罐，里边有各种财宝可以挖掘，如果想跟生活打交道，就必须学会使用勇气的开罐器，只有用百倍的勇气来同生活抗争，你才能从生命的储存罐里尝到甜头。

一个永不丧失勇气的人是永远不会被打败的。就像弥尔顿所说的："即使土地丧失了，那有什么关系？即使所有的东西都丧失了，但不可被征服的意志和勇气是永远不会屈服的。"如果你以一种充满希望、充满自信的精神进行工作的话，如果你期待着自己的伟业，并且相信自己能够成就这番伟业的话，如果你能展现出自己的勇气的话，那么，任何事情都不能阻挡你前进。你可能遇到的任何失败都只是暂时性的，你最终必定会取得胜利。

另一方面，如果你觉得自己非常渺小，如果你认为自己是一个效率很低、微不足道的人，并且你不相信自己可以出色地完成任务的话，那么，这就会限制你可能达到的人生高度。你不可能超越你的想象。自我贬低和害羞怯懦不但阻止了你的进步，而且严重损害了你的整个职业生涯，甚至还会损害到你的身体健康。

自信和勇气是积极的品质，而恐惧和焦虑则是消极的品质，二者在人的大脑中水火不容。你要么是强大有力、充满信心的，要么就是虚弱和感伤的，面对一项重大的工作你总是采取回避态度。任何破坏你的勇气的东西都会破坏你的力量、你的效率及工作效能。

“勇气是在偶然的机会中激发出来的。”莎士比亚说。除非你让自己时刻保持一种接受勇气的态度，否则，你不要指望自己的身上会时时刻刻体现出巨大的勇气。在就寝前的每个夜晚，在起床时的每个清晨，你都要对自己说“我会做到的，我能行”，并以此作为自己坚定的信条，然后充满自信地勇敢前进。

历练太少，就会被挫折绊倒

学会及时总结得失，我们才会有良好的心态，宠辱不惊，面对生活给予我们的一切。学会及时总结得失，我们自己才会不断完善，一步一步迈向成功。

威廉·赛姆是美国著名投资大师。他的事业如日中天，在全球金融领域里，“威廉·赛姆”这几个字如雷贯耳。但在一次十拿九稳的投资中，他由于分析错误而损失了一大笔资产。

朋友与家人都对他很不满，可威廉·赛姆却异常沉着，他将这次投资的整个分析过程一一回想，找到了产生错误的主要原因。紧接着，他又有了一次投资机会，家人与朋友都非常担心，害怕他不能从上一次的失败中解脱出来。但是威廉·赛姆毫不动摇，坚持要投资，并获得了成功。

在人漫长的一生中，谁也不能保证自己永远不犯错，但我们应该从错误中积累经验教训，而并非永远消沉。

有个渔人有着一流的捕鱼技术，被人们尊称为“渔王”。然而“渔王”年老的时候非常苦恼，因为他的三个儿子的渔技都很平庸。

于是他经常向人诉说心中的苦恼：“我真不明白，我捕鱼的技术这么好，我儿子们的捕鱼技术为什么这么差。我从他们懂事起就传授捕鱼技术给他们，从最基本的东西教起，告诉他们怎样织网最容易捕到鱼，怎样划船最不会惊动鱼，怎样下网最容易请鱼入瓮。他们长大了，我又教他们怎样识潮汐，辨鱼汛……凡是我辛辛苦苦总结出来的经验，我都毫无保留地传授给了他们，可他们的捕鱼技术竟然赶不上技术比我差的渔民的儿子！”

一位路人听了他的诉说后，问：“你一直手把手地教他们吗？”

“是的，为了让他们学到一流的捕鱼技术，我教得很仔细很耐心。”

“他们一直跟随着你吗？”

“是的，为了让他们少走弯路，我一直让他们跟着我学。”

路人说：“这样说来，你的错误就很明显了。你只传授给了他们技术，却没传授给他们教训，对于才能来说，没有教训与没有经验一样，都不能使人成大器。”

孩子是在摔倒了无数次之后才学会走路的，伟人的发明创造更是经历了无数次失败之后才成功的。可口可乐董事长罗伯特·高兹耶达说：“过去是迈向未来的踏脚石，若不知道踏脚石在何处，必然会被绊倒。”教训和失败是人生历练不可缺少的财富。

在学习和工作中，刚开始的时候总是不够顺利，是因为我们还对那些事情很陌生，没有足够的经验。这个时候，我们要珍视每一次错误，珍视每一个操作的环节，要及时总结经验教训，只有吸取了经验教训，才能避免在以后的人生中再犯类似的错误。也只有积累了足够的经验，我们才能熟能生巧，做事情信手拈来。

不畏将来，不念过往

年轻的时候，玛丽比较贪心，什么都追求最好的，拼了命想抓住每一个机会。有一段时间，她手上同时拥有13个广播节目，每天忙得昏天暗地，她形容自己："简直累得跟狗一样！"

事情都是双方面的，所谓有一利必有一弊，事业愈做愈大，压力也愈来愈大。到了后来，玛丽发觉拥有更多、更大不是乐趣，反而是一种沉重的负担。她的内心始终被一种强烈的不安全感笼罩着。

1995年"灾难"发生了，她独资经营的传播公司被恶性倒账四五千万美元，交往了7年的男友和她分手……一连串的打击直奔她而来。就在极度沮丧的时候，她冒出了结束自己生命的念头。

在面临崩溃之际，她向一位朋友求助："如果我把公司关掉，我不知道我还能做什么。"朋友沉吟片刻后回答："你什么都能做，别忘了，当初我们都是从'零'开始的！"

这句话让她恍然大悟，也让她勇气再生："是啊！我们本来就是一无所有，既然如此，又有什么好怕的呢？"就这样念头一转，没有想到在短短半个月之内，她连续接到两笔很大的业务，濒临倒闭的公司起死回生，又重新正常运转了起来。

历经这些挫折后，玛丽体悟到人生无常的一面，费尽了力气去强求，虽然勉强得到，但最后留也留不住；反而是一旦放空了，随之而来的是更大的能量。

她学会了“生活的减法”。为了简化生活，她谢绝应酬，搬离了150平方米的房子，索性以公司为家，在一间小小的办公室里，淘汰不必要的家当，只留下一张床，一张小茶几，还有两只做伴儿的狗。

玛丽忽然发现，原来一个人需要的其实那么有限，许多附加的东西只是徒增无谓的负担而已。朋友不解地问她：“你为什么都不爱自己了？”她回答：“我现在是换了个角度爱自己。”

对于过去发生的事情，我们无能为力。关于未来，它还没有发生，我们对于它的一切不过是想象。只有此刻，才是最真实的，也只有抓住此刻，才是最幸福的，才是最懂得疼爱自己的。

有人喜欢抓住过去不放，总是活在过去，对往事缅怀。可是在过去的事情里，我们大概忘记了兴奋与激情了吧，只有悲伤还残存在记忆中。于是我们每天都在咀嚼自己的痛苦，用过去的事情来折磨自己。

就像玛丽那样，以为没有了自己，什么事情都做不了，这样的想法是不对的；以为没有了一切，自己就活不下去，这也是不对的。宇宙间的事情，不是谁没有了谁就延续不下去的，只要我们愿意，我们随时都可以从零开始。

抛开过去，就在今天全部归零，我们才能整装待发，快乐出行。

让过去的过去，未来的才能来

当刘翔从北京奥运会赛场上退下来的时候，他说，下一次一定会做得很好；当程菲因为一个动作而出现失误的时候，她说，下一次一定会吸取教训。尽管因为没有注意到自己的伤而导致不能坚持到最后，但是刘翔没有一直活在悔恨之中，而是鼓足了勇气面对未来的路；尽管练习了多次的动作没能发挥到最好，但是程菲也没有抓住自己过去所犯的错误不放，而是在总结了经验之后，期待另一次精彩的绽放。

可是，在生活中，有太多的人喜欢抓住自己的错误不放：没能抓住发展的机遇，就一直怨恨自己不具慧眼；因为粗心而算错了数据，就一直抱怨自己没长大脑；做错了事情伤害到了别人，会为没有及时道歉而自责很久……

人生一世，花开一季，谁都想让此生了无遗憾，谁都想让自己所做的每一件事永远正确，从而达到预期的目标，可这只能是一种美好的幻想。

人不可能不做错事，不可能不走弯路。做了错事，走了弯路之后，有谴责自己的情绪是很正常的，这是一种自我反省，是自我解剖与改正的前奏曲，正因为有了这种“积极的谴责”，我们才会在以后的人生之路上走得更好、更稳。但是，如果你纠缠住“后悔”不放，或羞愧万分，一蹶不振；或自惭形秽，自暴自弃，那么你的这种做法就是愚人之举了。

卓根·朱达是哥本哈根大学的学生。有一年暑假，他去当导游，因为他总是高高兴兴地做了许多额外的服务，因此几个芝加哥来的游客就邀请他去美国观光。行程包括在前往芝加哥的途中，到华盛顿特区做一天的游览。

卓根抵达华盛顿以后就住进威乐饭店，他在那里的账单已经预付过了。他这时真是乐不可支，外套口袋里放着飞往芝加哥的机票，裤袋里则装着护照和钱。所有的一切都很顺利。然而，这个青年突然遇到晴天霹雳。

他准备就寝时，才发现由于自己的粗心大意，放在口袋里的皮夹不翼而飞。他立刻跑到柜台那里。

“我们会尽量想办法。”经理说。

第二天早上，仍然找不到，卓根的零用钱连两块钱都不到。因为一时的粗心马虎，导致了自己一个人孤零零地待在异国他乡，应该怎么办呢？他越想越是生气，越想越是懊恼。

这样折腾了一夜之后，他突然对自己说：“不行，我不能再这样一直沉浸在悔恨当中了，我要好好看看华盛顿，说不定我以后没有机会再来，但是现在仍有宝贵的一天待在这个地方。好在今天晚上还有机票到芝加哥去，一定有时间解决护照和钱的问题。

“我跟以前的我还是同一个人，那时我很快乐，现在也应该快乐呀。我不能因为自己犯了一点错误就在这儿白白地浪费时间，现在正是享受的好时候。”

于是他立刻动身，徒步参观了白宫和国会山，并且参观了几座大博物馆，还爬到华盛顿纪念馆的顶端。他去不成原先想去的阿灵顿和许多别的地方，但他能看到的，他都看得更仔细。

等他回到丹麦以后，这趟美国之旅最使他怀念的却是在华盛顿漫步的那一天——因为如果他一直抓住过去的错误不放，那么这宝贵的一天就会白白溜走。

放下过去的错误，向前看，才能有更多的收获。我们一生当中会犯很多错误，如果每一次都抓住错误不放，那么我们的人生恐怕只能在懊悔中度过了。很多事情，既然已经没有办法挽回，就没有必要再去惋惜悔恨了。与其在痛苦中浪费时间，还不如重新找一个目标，再一次奋发努力。

心存恐惧，你会沦为生活的奴隶

恐惧对人的影响至关重要，恐惧使创新精神陷于麻木；恐惧毁灭自信，导致优柔寡断；恐惧使我们动摇，不敢做任何事情；恐惧还使我们怀疑和犹豫，恐惧是能力上的一个大漏洞。而事实上，有许多人把他们一半以上的宝贵精力浪费在毫无益处的恐惧和焦虑上面了。恐惧虽然阻碍着人们力量的发挥和生活质量的提高，但它并非不可战胜。只要人们能够积极地行动起来，在行动中有意识地纠正自己的恐惧心理，那它就不会再成为我们的威胁。

在《做最好的自己》一书中，李开复讲述了这样一个故事：

20世纪70年代，中国科技大学的“少年班”全国闻名。在当年那些出类拔萃的“神童”里面，就有今天的微软全球副总裁、IEEE（电气和电子工程师协会）最年轻的院士张亚勤。但在当时，全国大多数人都只知道有一个叫宁铂的孩子。20年过去了，宁铂悄悄地从公众的视野里消失了，而当年并不知名的张亚勤却享誉海内外，这是为什么呢？

张亚勤和宁铂的区别，主要在于他们对待挑战的态度不同。张亚勤在挑战面前勇于进取，不怕失败，而宁铂则因为自己身上寄托了人们太多的期望，反而觉得无法承受，甚至没有勇气去争取自己渴望的东西。

大学毕业后，宁铂在内心里强烈地希望报考研究生，但是他一而再，再而三地放弃了自己的希望。第一次是在报名之后，第二次是在体检之后，第三次则是在走进考场前的那一刻。

张亚勤后来谈到自己的同学时，异常惋惜地说：

“我相信宁铂就是在考研究生这件事情上走错了一步。他如果向前迈一步，走进考场，是一定能够通过考试的，因为他的智商很高，成绩也很优秀，可惜他没有进考场。这不是一个聪明不聪明的问题，而是一念之差的事情。就像我那一年高考，当时我正生病住在医院里，完全可以不去参加高考，可是我就少了一些顾虑，多了一点自信和勇气，所以做了一个很简单的选择。而宁铂就是多了一些顾虑，少了一点自信和勇气，做了一个错误的判断，结果智慧不能发挥，真是很可惜。那些敢于去尝试的人一定是聪明人，他们不会输。因为他们会想：即使不成功，我也能从中得到教训。

“你看看周围形形色色的人，就会发现：有些人比你更杰出，那不是因为他们得天独厚，事实上你和他们一样优秀。如果你今天的处境与他们不一样，只是因为你的精神状态和他们不一样。在同样一件事情面前，你的想法与反应和他们不一样。他们比你更加自信，更有勇气。仅仅是这一点，就决定了事情的成败以及完全不同的成长之路。”

勇敢的思想和坚定的信念是治疗恐惧的天然药物，勇敢和信心能够中和恐惧，如同在酸溶液里加一点碱，就可以破坏酸的腐蚀力一样。

对此问题，我们不妨多加了解一下。

有一个文艺作家对创作抱着极大野心，期望自己成为大文豪。美梦未成真前，他说：“因为心存恐惧，我是眼看一天过去了，一星期、一年也过去了，仍然不敢轻易下笔。”

另有一位作家说：“我很注意如何使我的心力有技巧、有效率地发挥。在没有一点灵感时，也要坐在书桌前奋笔疾书，像机器一样不停地动笔。不管写出的句子如何杂乱无章，只要手在动就好了，因为手到能带动心到，会慢慢地将文思引出来。”

初学游泳的人，站在高高的水池边要往下跳时，都会心生恐惧，如果壮着胆子，勇敢地跳下去，恐惧感就会慢慢消失，反复练习后，恐惧心理就不复存在了。

倘若很神经质地怀着完美主义的想法，进步的速度就会受到限制。如果一个人恐惧时总是这样想：“等到没有恐惧心理时再来跳水吧，我得先把害怕退缩的心态赶走才可以。”这样做的结果往往是把精神全浪费在消除恐惧感上了。

这样做的人一定会失败，为什么呢？人类心生恐惧是自然现象，只有亲身行动，才能将恐惧之心消除。不实际体验，只是坐待恐惧之心离你远去，自然是徒劳无功的事。

在不安、恐惧的心态下仍勇于作为，是克服神经紧张的处方，它能使人在行动之中渐渐忘却恐惧心理。只要不畏缩，有了初步行动，就能带动第二、第三次的出发，如此一来，心理与行动都会渐渐走上正确的轨道。

恐惧并不可怕，可怕的是你陷入恐惧之中不能自拔。如果你有成功的愿望，那就快点儿摆脱恐惧的困扰，前进吧！

第5章

在最能吃苦的年纪，遇见不服输的自己

叫嚣抵不过低头实干

世界上没有不劳而获的事情，成功无一不是脚踏实地努力的结果。所以，与其总是将精力放在叫嚣上，不如脚踏实地，从最基本的做起。

1864年9月3日，斯德哥尔摩市郊突然爆发出一声震耳欲聋的巨响，滚滚浓烟、火焰霎时冲上天空。当惊恐的人们赶到现场时，只见原来屹立在这里的一座工厂只剩下残垣断壁。火场旁边，站着一位三十多岁的年轻人，突如其来的惨祸，使他面无血色，浑身不住地颤抖着……

青年眼睁睁地看着自己所创建的硝化甘油炸药实验工厂化为了灰烬。人们从瓦砾中找出了5具尸体，其中有4人是他的亲密助手，而另一个是他在大学读书的小弟弟。5具烧得焦烂的尸体，惨不忍睹。青年的母亲得知小儿子惨死的噩耗，悲痛欲绝。年迈的父亲因受刺激而引发脑溢血，从此半身瘫痪。

事后，警察局立即封锁了爆炸现场，并严禁青年重建自己的工厂。人们像躲避瘟神一样避开他，再也没有人愿意出租土地让他进行如此危险的实验。但是，困境并没有使青年退缩，几天以后，人们发现在远离市区的马拉仑湖上出现了一艘巨大的平底驳船，驳船上并没有装什么货物，而是装满了各种设备，青年正全神贯注地进行实验。

他就是后来闻名于世的诺贝尔。一次又一次的失败之后，他终于发明了雷管。雷管的发明是爆炸学上的一项重大突破，随着当时许多欧洲国家工业化进程的加快，开矿山、修铁路、凿隧道、挖运河等都需要炸药。于是，人们又开始亲近诺贝尔。他把实验室从船上搬迁到斯德哥尔摩附近的温尔维特，正式建立了第一座硝化甘油工厂。接着，他又在德国的汉堡等地建立了炸药公司。一时间，诺贝尔的炸药成了抢手货。

做事低调踏实的人懂得成功需要辛勤的汗水来浇灌的道理，所以他们会用自己的勤奋去实现自己的目标。同样的人物还有俄国化学家门捷列夫。

很长一段时期，门捷列夫全身心地投入到化学元素的有关排列问题的研究中。一次，在紧张工作了三天三夜之后，他由于过度疲劳睡着了，竟在梦中见到了一张他日思夜想的元素周期表，通过这个梦，他成功地解决了困扰他多时的元素排列问题。

后来，有记者采访他，要他讲述他是如何通过做梦而获得成功的。记者的提问，引起他的不满，他说："什么，你认为我的发现只是梦中几个小时的成果吗？你知道之前我付出了多少个日夜、多少心血进行研究吗？"

门捷列夫对待工作的态度说明，成功不是偶然得来的，如果没有艰苦的努力，不管有怎样美妙的梦想、怎样美好的构思，都难以获得成功。

只有努力工作才是获得成功的捷径。看准了的事情，如果不论在什么情况下都能脚踏实地一步一个脚印地去实干，就有可能取得成功。

只有脚踏实地努力去做，才能够把事情做好。如果不愿意做最基础的事情，一心只想着一步登天，那样的人，是无法获得成功的。

世界上没有不劳而获的事情，成功无一不是脚踏实地努力的结果。所以，与其总是将精力放在叫嚣上，不如脚踏实地，从最基本的做起。

如果你想成就一番伟业，在确立你远大的目标之后，静下心来，认认真真、脚踏实地开始你的行程吧！在通往成功的路上，我们不要梦想一步登天，如果基础不扎实，我们的成功就是海市蜃楼。

反击别人不如充实自己

当我们遭到冷遇时，不必沮丧，不必愤恨，唯有尽全力赢得成功，才是最好的反击。

有时候，白眼、冷遇、嘲讽会让弱者低头走开，但对强者而言，这也是另一种幸运和动力。所以美国人常开玩笑说，正是因为负面的刺激，才造就了杜鲁门总统。

在高中毕业班时，查理·罗斯是最受老师喜爱的学生之一。他的英文老师布朗小姐，年轻漂亮，富有吸引力，是校园里最受学生欢迎的老师之一。同学们都知道查理深得布朗小姐的青睐，他们在背后笑他说，查理将来若不成为一个人物，布朗小姐是不会原谅他的。

在毕业典礼上，当查理走上台去领取毕业证书时，受人爱戴的布朗小姐站起身来，当众吻了一下查理，给他出人意料的祝贺。当时，本以为会发生哄笑、骚动，结果却是一片静默和沮丧。

许多毕业生，尤其是男孩子们，对布朗小姐这样不怕难为情地公开表示自己的偏爱感到愤恨。不错，查理作为学生代表在毕业典礼上致告别词，也曾担任过学生年刊的主编，还曾是“老师的宝贝”，但这就足以使他获得如此之高的荣耀吗？典礼过后，有几个男生包围了布朗小姐，为首的一个质问她为什么如此明显地冷落别的学生。

“查理是靠自己的努力赢得了我特别的赏识，如果你们有出色的表现，我也会吻你们的。”布朗小姐微笑着说。男孩儿们得到了些安慰，查理却感到了更大的压力。他已经引起了别人的嫉妒，并成为少数学生攻击的目标，他决心毕业后一定要用自己的行动证明自己值得布朗小姐报之一吻。毕业之后的几年内，他异常勤奋，先进入了报界，后来终于大有作为，被杜鲁门总统任命为白宫负责出版事务的首席秘书。

当然，查理被挑选担任这一职务也并非偶然。原来，在毕业典礼后带领男生包围布朗小姐，并告诉布朗小姐自己感到受冷落的那个男孩子正是杜鲁门本人。

查理就职后的第一件事，就是接通布朗小姐的电话，向她转述美国总统的问话："您还记得我未曾获得的那个吻吗？我现在所做的能够得到您的赏识吗？"

生活中，当我们遭到冷遇时，不必沮丧，不必愤恨，唯有尽全力赢得成功，才是最好的反击。当有人刺激了我们的自尊心，伤害到我们时，与其强烈地批驳别人，不如思考自己什么地方还需要完善。

有个喜欢与人争辩的学者，在研究过辩论术，听过无数场辩论，并关注它们的影响之后，得出了一个结论：世上只有一个方法能从争辩中得到最大的利益，那就是停止争辩。你最好避免争辩，就像避免战争或毒蛇那样。

这个结论告诉我们：反击别人不如充实自我。争辩中的赢不是真赢，它带来的只是暂时的胜利和口头的快感，它会使他人不满，影响你与他人的关系，更重要的是，在争辩中失利的人不会发自内心地承认自己的失败，所以你的说服和辩论是徒劳无功的，无助于事情的解决。

有一种人，反应快，口才好，心思灵敏，在生活或工作中和别人有利益或意见的冲突时，往往能充分发挥辩才，把对方辩得哑口无言。可是，我们为什么一定要与对方辩论到底以证明是他错了？这么做除了让我们得到一时的快意之外还有什么呢？这样能使他喜欢我们，或是能让我们签订合同？事实并非如此。要想拥有良好的人际关系，要想使自己在事业上游刃有余，在朋友中广受欢迎，在家庭中和睦相处，我们最好不要试图通过争辩去赢得口头上的胜利。

反击别人，除了互相伤害以外，我们不会得到任何好处。这是因为，就算我们将对方驳得体无完肤、一无是处，那又怎样？即使他表面上不得不承认我们胜利了，但他心里会从此埋下怨恨的种子。所以，还不如用反击别人的时间来充实自我。

做你自己的伯乐

如果没有其他人来发现你，那你就自己发现自己吧！做自己的伯乐，你才能取得成功。

1972年，新加坡旅游局给总理李光耀打了一份报告，大意是说："我们新加坡不像埃及有金字塔，不像中国有长城；不像日本有富士山，不像夏威夷有十几米高的海浪，我们除了一年四季直射的阳光，什么名胜古迹都没有。要发展旅游事业，实在是巧妇难为无米之炊。"

李光耀看过报告，非常气愤。

据说他在报告上批了这一行字："你想让上帝给我们多少东西？阳光，阳光就够了！"

后来，新加坡利用那一年四季直射的阳光，种花植草，在很短的时间里，发展成为世界上著名的"花园城市"。连续多年旅游收入名列全亚洲第三位。

上帝给每个国家、每个地区的东西，确实都不是太多。

就拿我们身边知道的来说，它仅给杭州一个西湖，仅给曲阜一个孔子。就个人而言，它给每个人的东西同样也少之又少，它只给了牛顿一个苹果，并且还是掷过去的；它只给了迪士尼一只老鼠，并且这只老鼠是在迪士尼自己连一块面包都吃不上的时候到达的。

上帝的馈赠虽然少得可怜，但它是酵母。

只要你是位有心人，你会惊喜地发现上帝的馈赠是多么的丰厚。

聪明的江南人利用西湖把杭州变成了天堂，智慧的北方人则利用孔子把曲阜变成了圣城。

你虽然没有别人英俊潇洒，但你可能身强体壮；你虽然不会琴棋书画，但你可能思维敏捷，逻辑清晰……上帝不会给人全部，但他绝对不会亏待你，所以你一定要做自己的伯乐，发掘自己的潜能。

一个天寒地冻的深夜，W.翟莫西·盖尔卫，一位年轻的加利福尼亚人，正独自驱车穿过缅因州边缘的森林地带。他的车轮突然打滑，车子撞进了路旁的雪堆。20分钟过去了，盖尔卫没有看到一辆车路经此地。看来待在车里等着是毫无指望了，他认为最好的出路是步行去求援。于是他身穿便服和一件运动衫，开始向来路跑去。稀薄而寒冷的空气，使他几分钟之后便气喘吁吁了，一阵疲乏感袭来，他觉得浑身麻木，接着是令人瘫软的恐惧。“我会死在这冰天雪地之中的！”他意识到。

这个念头如此可怕，盖尔卫的脚步不知不觉地停了下来。过了一会儿，由于他承认了现实，他的恐惧发生了短路。他对自己说："如果我真的要死了，光发愁也无济于事。"这时，他突然觉察到，周围的一切是那样美丽：寂静的夜、闪烁的星星，被雪景衬托得格外分明的树木。盖尔卫没有想到，自己竟然渐渐地恢复了体力，于是他一口气跑了40分钟，终于找到了一户友善的人家。

盖尔卫没有想到，他突然之间显示出的奇怪的内部能量，竟会成为他后来所从事的事业的基础，并由此创造了他所谓和失望恐惧赛跑的"内心竞赛"的理论。在他作为一名运动员和一位教师的多年实践之后，盖尔卫认识到，在那个严寒的夜晚使他得救的正是人类所共有的一种巨大的潜能，问题在于人们是否肯使用它。

还有一个故事是这样说的：

有一个探险家，他走进了非洲的荒野中。他随身带了一些不怎么值钱的小装饰品，打算送给当地的土著人。在这些东西当中，有两面真人大小的镜子。他把这两面镜子靠着两棵树放好，然后就坐下来和他的手下人谈论有关探险的情况。这时候探险家注意到有个土著人手里拿着长矛正在向镜子走过来，当他向镜子里望去的时候，他看见了自己的影子，于是开始向镜子里的对手刺去，好像它真的是个土著人一样，仿佛要杀了他。当然，土著人打碎了这面镜子。这时候，探险家向这个土著人走去，问他为什么要打碎镜子。这个土著人回答说："他要杀我，我就先杀了他。"探险家向土著人解释说，镜子不是用来干这个的，并领他走到第二面镜子那边去。他对土著人解释说："看，镜子是这样一个东西——通过它，你可以看到你的头发有没有梳直，你脸上的油彩涂得是否合适，你的胸部多么健壮，你的肌肉多么发达。"土著人回答说："噢，我不知道。"

成千上万的人都这样，他们的情形和这个土著人差不多。他们穷其一生和生活作战。在生命的每个转折点上，他们都以为会有一场战斗，而情况最终也确实是这样。他们预计会有敌人，而他们确实遇到了敌人。他们预计困难会接踵而至，而事情也恰好就是这样。"如果事情不是这样，那么它就是那样……总会发生点儿什么。"对于成千上万的没有能够认识到这种巨大的力量的人来说，事情过去是这样，将来也还会是这样。成千上万的人继续过着平淡、普通、痛苦的生活，因为这种巨大的力量从他们身边悄悄溜走了，他们就再也抓不住它了。生活中的你绝对不要像土著人那样，穷其一生都不能发现自己的力量。发现你自己，做自己的伯乐，你就能走向成功。

不要让别人拿走你的潜能

拥有潜能，你要保护自己的潜能，再充分发挥潜能，才会有成功的机会。

在生活中，很多人都拥有优于其他人的潜能，但是，这些人却不会保护自己的潜能，导致许多人最后终其一生都没将潜能发挥出来，平庸度日。

一个人要想成功，必须注意不要让别人拿走你的潜能。

在遥远的国度里，住着一窝奇特的蚂蚁，它们有预知风雨的能力。而最近蚂蚁们清楚地知道，有巨大的暴风雨正逐渐逼近，整窝蚂蚁全部动员，往高处搬家。

这窝蚂蚁之所以奇特，不在于它们预知气候的能力，许多其他动物也具备这样的天赋。它们的特别之处是整窝蚂蚁都只有五只脚，并不像一般蚂蚁长有六只脚。

由于它们只有五只脚，行动也就没有一般蚂蚁快捷，整个搬家的行动缓慢。虽然面对暴风雨来袭的沉重压力，每只蚂蚁心中都焦急不堪，行动却半点儿也快不了。

在漫长的搬家队伍中，有一只蚂蚁与众不同，它的行动快速，不停地往返高地与蚁窝之间，一趟又一趟，仿佛不知劳累，辛苦地尽力抢搬蚁窝中的东西。

这只勤快的蚂蚁引起了五脚蚂蚁群的注意，它们仔细观察它的动作，终于找出这只蚂蚁动作如此敏捷的关键——它有六只脚！

五脚蚂蚁的搬家队伍整个暂停下来，它们聚在一起，窃窃私语，讨论这只与它们长得不同，行动却快过它们数倍的六脚蚂蚁。

经过冗长的讨论后，五脚蚂蚁们终于达成共识。它们扑上前去，抓住那只六脚蚂蚁，一阵撕咬过后，将它那多出来的一只脚扯了下来。

行动迅速的那只蚂蚁被扯去一只脚，也变成了平凡的五脚蚂蚁，在搬家的行列中，迟缓地跟随大家移动。

五脚蚂蚁们很高兴它们能除去一个异类，增加一个同伴，这时，雷声已在不远处隆隆地响起。

常常在我们接触到一个新的机会、有了一个好的创意，或是工作取得进步时，“五脚蚂蚁群”便会适时出现。他们会告诉你，你得到的机会是陷阱、你的好创意是行不通的，或是提醒你，工作勤奋不一定会有好的报偿。无所不用其极的目的，是想扯去你突然间多出来的一只脚。

尤其是当你正确地发挥你的能力时，周围类似五脚蚂蚁般的消极意识更会增加，各式各样不可能的思想蜂拥而至，企图要你放弃他们所不懂的能力，让你成为平庸的人。

在这个时候，你一定要很好地把握自己，用你自己的独立思想，来保护自己多出来的那只“脚”。坚持你自己的想法，珍惜自己得到的机会，发挥自己独特的创意，更加勤奋地工作，加倍地发挥你自己最大的潜能。这样你才能在未来获得成功。

在行动中激发自己的潜能

任何时候都不要坐在那里等待，从现在起就开始行动，在行动中激发自己的潜能，说不定你就能创造奇迹！

生活中的你是否还在为命运不济而哀叹呢？如果是，那还是赶紧收起这些怨天尤人的论调吧！行动起来，在行动中激发自己的潜能，说不定你就能创造奇迹。

在美国颇负盛名、人称传奇教练的伍登，在全美NCAA12年的篮球年赛当中，帮助加州大学洛杉矶分校赢得10次全美总冠军。如此辉煌的成绩，使伍登成为大家公认的有史以来最成功的篮球教练之一。

曾经有记者问他：“伍登教练，请问你如何保持这种积极的心态？”

伍登很愉快地回答：“每天我在睡觉以前，都会提起精神告诉自己：我今天的表现非常好，而且明天的表现会更好。”

“就只有这么简短的一句话吗？”记者有些不敢相信。

伍登坚定地回答：“简短的一句话？这句话我可是坚持了20年！重点和简短与否没关系，关键是在于你有没有持续去做，如果无法持之以恒，就算是长篇大论也没有帮助。”

伍登的积极心态超乎常人，不单只是对篮球的执着，对于其他的生活细节也是保持这种精神。例如，有一次他与朋友开车到市中心，面对拥挤的车流，朋友感到不满，继而频频抱怨，但伍登却欣喜地说：“这里真是个热闹的城市。”

朋友好奇地问：“为什么你的想法总是异于常人？”

伍登回答说：“一点儿都不奇怪，我是用心里所想的事情来看待，不管是悲是喜，我的生活中永远都充满机会，这些机会的出现不会因为我的悲或喜而改变，只要不断地让自己保持积极的心态，一刻也不停地去行动，我就可以把握机会，激发更多的潜在力量。”

其实每个人都有伍登那样的潜力，但是大部分人都不能像伍登那样，时刻保持积极的心态去努力。如果每个人都能像伍登一样，那他也一定会是一个有才华的人，并且在行动中不断进步，创造奇迹的可能就会时刻存在。

学会必要的忍耐

当你不愿让命运来主宰你的一切，但又没有反击命运的能力时，切记，应学会忍耐!

美国第三任总统杰弗逊在给子孙的告诫中有一条是：“当你气恼时，先数到10后再说话；假如怒火中烧，那就数到100。”

生活中，在遇到一些不顺心和不如意的事情时，我们的情绪往往会被超常激发起来，陷入激动、委屈、不安等精神状态中。此时最容易被情绪操纵，不顾理智做出鲁莽之事。“忍一时风平浪静，退一步海阔天空”，在这个时候，务必要记住“忍耐”二字。强制自己把心情平静下来，认真选择利最大、弊最小的做法，以求达到在当时可能取得的最好效果。

每个人从出生就面临来自方方面面的竞争和挫折。一个人的成功不仅需要不断提高自己的能力，而且需要经受自己在前进道路上的成功与失败的各种考验，需要具备良好的心理素质。由于我们每个人自身的缺点，失败在所难免，有时甚至还不得不忍受“飞来横祸”。在这种情况下，有时需要进行必要的斗争，但是，更多的时候需要的是忍耐。在自己遭到失败的时候，当然希望周围的人同情自己、帮助自己，但是更为重要的是，忍耐住失败的痛苦，学会自己擦净自己伤口的鲜血，并走出痛苦，走向新的生活。要忍耐，以争取自己超越困难，同时，要灵活一些，争取更好的环境，努力奋斗，走向辉煌。

作为命运的主宰者——人，我们应该学会忍耐，因为它常会让我们有意想不到的收获。人在现实中生活，犹如驾一叶扁舟在大海中航行，巨浪和旋涡就潜伏在你的周围，可能会随时袭击你，因此，你要当个好舵手，同时还得具有克服艰难的毅力和勇气，设法绕过旋涡，乘风破浪前进。换言之，忍耐也是面对磨难的一种手法，以不变应万变；忍耐更是一种力量，它能磨钝利刃的锋芒。但忍耐不是软弱，不是退却，也不是背叛，而是以退为进的策略，是求同存异，是寻找合作。

当你不愿让命运来主宰你的一切，但又没有反击命运的能力时，切记，应学会忍耐！

儒家与道家都强调忍耐的重要，只有忍到最后一刻才会发生意想不到的变化，才有希望看到转机。或许你仍在向往一帆风顺，可是却在面对曲折的人生。其实所谓的一帆风顺只是对自己心灵的一种安慰而已，坚信唯有奋斗不息才能成为命运的主人。而在这一步步的努力中，你必须学会忍耐！

忍耐是沉默，功亏一篑是因为不懂得忍耐的真正含义，而坚忍不拔地追求并排除万难有所超越才是忍耐的外延。

实际上，忍耐是一种酝酿胜利的高超手段。忍耐实际上是一种动态的平衡，是一种形式的转换，不要为利益所陶醉，也不要因没有利益而悲伤。忍耐可以帮助我们摆脱烦恼，获得人生的真谛。

非洲的一位总统问一位友人有什么好经验，这位友人就说了一句话："忍耐。"忍耐不是目的是策略，是胜敌的关键所在，但一般人做不到。"小不忍则乱大谋"这句话很正确。三国演义中诸葛亮三气周瑜，愣是活活把周瑜气死了。如果周瑜学会忍耐，哪会有这样的结果呢！

我们有时候不妨学一学鸵鸟，逆来顺受。但是，这不是叫大家颓废，只是让大家学会忍让，为将来的爆发也就是成功创造条件，同时它也可以为你提供丰富的经验。日常生活中，每一个人总会遇到来自他人的一些伤害，无缘由的中伤、诽谤……

平白无故的是非给我们带来身心伤害。类似的事件大家也许经历过，也可能以后的日子会遇到。在这种时候，大家应泰然处之，将忍耐进行到底，终有一天所有的错误都将改正。平和的心态不只是给我们自己带来了宁静，也给予他人更多！

百忍成钢，人生就像一个磨刀的过程，忍耐好比磨刀石。当心性修炼得清澈如镜，达到这种不以物喜、不以己悲的境界时，那就是我们历经千锤百炼的刀已炼成。

善待你的对手

善待你的对手，尽显品格的力量和生存的智慧。

一旦谈到双赢，人们一向以为这种情况只会发生在自己与合作伙伴之间，而与对手，“不是你死，就是我亡”，这才是最终的结局。

真的是这样吗？显然，答案是否定的。其实我们和对手也可以走进双赢的境地。

所以，我们需要合作伙伴，而不要排斥对手。

对手，是失利者的良师。有竞争，就免不了有输赢。其实，高下无定式，输赢有轮回。曾经败在冠军手下的人，最有希望成为下一场赛事的冠军。只因败者有赢者做师，取人之长，补己之短，为日后取胜奠基。更有一些智者，一番相争之后，便能知己知彼，比得赢就比，比不赢就转，你种苹果夺冠，我种地瓜同样也可以领先。

对手，是同剧组的搭档。人生在世能够互成对手，也是一种缘分，仿佛同一个分数中的分子、分母。如此说，结局往往只有赢多赢少之别，并无绝对胜败之分。角色有主有次，登台有先有后，掌声有多有少，但彼此相依，缺了谁戏也演不成。同在一个领导班子中也如此，携手共进，共创佳绩，方可交相辉映。

孟子说：“入则无法家拂士，出则无敌国外患者，国恒亡。”奥地利作家卡夫卡说：“真正的对手会灌输给你大量的勇气。”善待你的对手，方尽显品格的力量和生存的智慧。

在秘鲁的国家级森林公园，生活着一只年轻的美洲虎。由于美洲虎是一种濒临灭绝的珍稀动物，全世界现在仅存17只，所以为了很好地保护这只珍稀的老虎，秘鲁人在公园中专门辟出了一块近20平方千米的森林作为虎园，还精心设计和建造了豪华的虎房，好让美洲虎自由自在地生活。

虎园里森林茂密，百草丛生，沟壑纵横，流水潺潺，并有成群人工饲养的牛、羊、鹿、兔供老虎尽情享用。凡是到过虎园参观的游人都说，如此美妙的环境，真是美洲虎生活的天堂。

然而，让人们感到奇怪的是，从来没有人看见美洲虎去捕捉那些专门为它预备的“活食”。从来没有人见它王者之气十足地纵横于雄山大川，啸傲于莽莽丛林，甚至未见它像模像样地吼上几嗓子。

人们常看到它整天待在装有空调的虎房里，或打盹儿，或耷拉着脑袋，睡了吃吃了睡，无精打采。有人说它大约是太孤独了，若是找个伴儿，或许会好些。

于是政府又通过外交途径，从哥伦比亚租来了一只母虎与它做伴，但结果还是老样子。

一天，一位动物行为学家到森林公园来参观，见到美洲虎那副懒洋洋的样儿，便对管理员说，老虎是森林之王，在它所生活的环境中，不能只放上一群整天只知道吃草，不知道猎杀的动物。

这么大的一片虎园，即使不放进去几只狼，至少也应该放上两只猎狗，否则，美洲虎无论如何也提不起精神。

管理员们听从了动物行为学家的意见，不久便从别的动物园引进了两只美洲狮放进了虎园。这一招儿果然奏效，自从两只美洲狮进虎园的那天起，这只美洲虎就再也躺不住了。

它每天不是站在高高的山顶愤怒地咆哮，就是有如飓风般冲下山冈，或者在丛林的边缘地带警觉地巡视和游荡。老虎那种刚烈威猛、霸气十足的本性被重新唤醒。它又成了一只真正的老虎，成了这片广阔的虎园里真正意义上的森林之王。

一种动物如果没有对手，就会变得死气沉沉。同样的，一个人如果没有对手，那他就会甘于平庸，养成惰性，最终导致庸碌无为。

一个群体如果没有对手，就会因为相互的依赖和潜移默化而丧失活力，丧失生机。

一个行业如果没有对手，就会因为丧失进取的意志，安于现状而逐步走向衰亡。

许多人都把对手视为心腹大患、异己、眼中钉、肉中刺，恨不得马上除之而后快。其实只要反过来仔细一想，便会发现拥有一个强劲的对手，反而倒是一种福分、一种造化。

因为一个强劲的对手，会让你时刻有种危机四伏感，它会激发出你更加旺盛的精神和斗志。

有时候，表面上看来，我们从对手身上得到的学习机会没有那么直接、明显，然而，仅仅是承受他带给我们的压力，就已是很宝贵的机会，可以对我们的成长起到很大的助益。不要随便把对手视为敌人或仇人，只有这样，我们才可以冷静地观察对方，客观地审视自己；也唯有这样，才能在与对手交手的过程中学到东西。

然而，很多人无法这样看待对手。由于对手和敌人往往只有一线之隔，甚至是一体两面，因而对手也很容易被视为仇人。很多人会带着各种情绪来看待对手，经常会这样想：敌人和仇人当然是不好的，哪有向他们学习的道理?

不少人在碰到对手的时候，首先是不屑一顾（觉得对手的实力不过如此），接下来是愤怒（发现这样的人竟然有很多人喜欢，还威胁甚至超越自己），最后则是不允许别人在面前说对手的只言片语。

其实，越是敌人和仇人，可学的东西才越多。对方要消灭你，一定是倾巢而动、精锐尽出。对方使出浑身解数的时候，也就是传授你最多招数的时候（敌人为了激怒你、伤害你而使出的一些手段，就是任何其他老师所不能教你的）。所以，如果你有个很强的对手，你应该从心底欢喜。就像每天要照照镜子一样，你每天都要仔细盯紧这个对手，好好欣赏他，好好向他学习。而最好的学习，永远来自于你和他交手、被他击中的那一刻。

一个人有了对手，才会有危机感，才会有竞争力。有了对手，你便不得不奋发图强，不得不革故鼎新，不得不锐意进取，否则，就只有等着被吞并、被替代、被淘汰。

善待你的对手吧！有时候，将我们送上领奖台的，不是我们的朋友，而恰恰是我们的对手。

远离虚荣才能接近对手

对手是你的“敌人”，但从另一个方面来说，对手也是对你的成功帮助最大的人。你只有抛弃虚荣心理，才能跟你的对手走到一起。

商场上有句俗话这样说：“同行是冤家。”不错，你的同行的确就是你的竞争对手。在抢占市场时，你们的确是冤家。但是，不可否认的是，如果没有竞争对手，只有个人垄断，那将会导致不思发展的后果。有时候，要想使自己变得更强更好，你必须要善待自己的对手。

那你要怎样接近自己的对手呢？这就要求你抛弃虚荣心理，主动和对方接触，你才能接近对手，并了解对手，学习对手，最终达到双赢的效果。

有个名叫西拉斯的人，在一个小镇上开一家杂货铺。

这铺子是他爸爸传下来的，他爸爸又是从他爷爷手里接过来的。他爷爷开这铺子的时候南北两边正在打仗。

西拉斯买卖公道，信誉很好。他的铺子对镇上的人来说就像手足，不可缺少。西拉斯的儿子在长大，小铺子就要有新接班人了。

可是有一天，一个外乡人笑嘻嘻地来拜访西拉斯，情况便变得严重了！此人说，他想买下这铺子，请西拉斯自己报价。

西拉斯怎么舍得？即便出双倍价格他也不能卖！这铺子可不仅仅是铺子，这是事业，是遗产，是信誉！

外乡人耸耸肩，笑嘻嘻地说："抱歉，我已选定街对面那幢空房子，粉刷一番，弄得富丽堂皇，再进些上好货品，卖得更便宜，那时你就没生意了！"

西拉斯眼见对面空房贴出了翻新布告，一些木匠在里面锯呀刨呀，有一些漆匠爬上爬下，他的心都碎了！他无可奈何却又不无骄傲地在自家店门上贴了张告示："敝号系老店，95年前开张。"

对面也换了一张告示："敝号系新店，下礼拜开张。"

人们对比着读了，无不心中暗笑。

新店开业前一天，西拉斯坐在他那间阴暗的店堂里想心事，他真想把对手臭骂一顿，幸亏西拉斯有个好妻子。

"西拉斯，"她用低低的声音缓缓地说，"你巴不得把对面那房子放火烧了，是不是？"

"是巴不得！"西拉斯简直在咬牙切齿，"烧了有什么不好？”

“烧也没用，人家保险过。再说，这样想也缺德。”

“那你说我该怎么想？”西拉斯冒着火。

“你该去祝愿。”

“祝愿天火来烧？”

“你总说自己是个厚道人，西拉斯，你一碰到切身事就糊涂。你该怎么做不是很清楚吗？你应该祝愿新店开业成功。”

“你是脑筋出问题了吧，贝蒂？”

说是这么说，西拉斯最后还是决定去一次。

第二天早晨新店还没开门，全镇人已等在外边。大家看着正门上方赫然写着“新新百货店”几个金字，都想进去一睹为快。

西拉斯也在人群中，他快快活活跨到台阶上大声说：“外乡老弟，恭喜开业，谢谢你给全镇人带来方便！”

他刚说完便吃了一惊，因为全镇人都围上来朝他欢呼，还把他举起来。大家跟他进店参观。谁都关心标价，谁都觉得很公道。那外乡老板笑嘻嘻地牵着西拉斯的手，两个生意人看起来就像老朋友。

后来，两家生意都做得兴隆，因为小镇一年年变大了。

故事给我们一个很好的启示：

一个能容忍对手发展的人，不但是一个胸襟宽广的人，还是一个具有远见的人。让竞争对手时刻在背后激励自己、鞭策自己，使自己不能有片刻懈怠，努力向前发展，实现双赢目的，实在是再好不过。

放下自私和虚荣，主动接受对方。“尺有所短，寸有所长”，只要你诚心结交，对方也会坦诚相待，你就会从对手身上学到长处，从而更有利于自己的发展。

感谢你的竞争对手

对手有时也是一种激励因素。因竞争的压力而不断寻求进步，最终走上成功的道路，成功的你有什么理由不感谢对手呢？

我们在生活中经常会遇到竞争对手，但我们应该如何去对待我们的对手呢？许多人都视对手为眼中钉、肉中刺，欲除之而后快。其实这种想法是非常错误的，如果我们没有对手，也许我们就会走向极端，走向灭亡。

一位名叫朗凯宁的作家曾写过一篇名叫《对手》的小说：

志和文成为对手，是因为一个女同学。那是在读大学二年级的时候，他俩同时爱上了一个叫颖的女同学。颖是中共党员，她对他俩的条件要求非常明确：谁成为一名中共党员，她就嫁给谁。

于是，志和文同时向党组织递交了入党申请书。一年后，志成为一名党员。当文第二次向党组织递交申请时，志在讨论会上说文动机不纯，他是为了爱情。也许是命运注定，毕业后，他俩被分配在同一部门工作。他俩的争斗让颖生厌，结果谁也没有得到颖的爱情，得到的，只是彼此的怨恨。这怨恨使他俩都留着心眼儿去盯对方，一旦发现对方有什么纰漏，就毫不留情地捅出去。他俩的目标很明确。

志当上股长的时候，文无可挑剔地加入了中国共产党。

志无可挑剔地当上科长的时候，文也当上了股长。

他俩就这么相互盯着，相互攀升。

当志当上了处长时，文也当上了科长。

志当处长，有许多人送钱送礼物给他，他不要，一方面知道这是错误的行为，一方面他觉得文的一双眼睛在盯着他。一回，他实在忍不住，心动了，收了人家送来的5000元。夜里，他做了个梦，梦见文高兴得哈哈大笑，说："这回你完了，5000元已经构成受贿罪了，你完了。"他吓出一身冷汗，第二天就把钱送到纪检部门去了。

就这样，他们以无可争议的清廉和才干，走上了更高的职位，且得到了人们的尊敬。

眼下，他俩都到了要退休的年龄。

一天，两人相见，互望着对方，便禁不住紧紧拥抱，且激动得热泪盈眶。是的，没有这样的对手，谁敢说途中会怎样？！

一生平安，有时得益于对手的"呵护"。

他们都深深地感激对方。

在日本北海道有一种鳗鱼，它被捕捞上来以后很容易死掉。但有一个办法能够使它活得更久，就是在鳗鱼中放进它的对手——狗鱼。鳗鱼因为有了对手狗鱼而被激活，因而活的时间更长。

其实我们无论何时都应该感激对手，是对手让我们有危机感，使我们不断地进取，以获取最大的成功。没有对手，我们就很难有进步；没有对手，我们就不易取得今天的成就；没有对手，我们往往不会走向成功的道路。

在压力中奋起

不在压力中奋起，便在压力中灭亡。要想在人生的道路上走得更远，你必须选择前者。

毕业之后面临就业压力，就业之后面临工作压力，其他还有诸如生活压力、竞争压力、恋爱压力，等等，如果你没有在压力面前奋起的勇气，那你只能在重重压力中陷入虚无。

众所周知，张学友是香港著名歌星，是四大天王之一，很多人痴迷他的歌，喜欢他的电影，羡慕他的辉煌，可有几个人知道他艰辛的奋斗历程呢？不自卑，也不害怕挫折，这是他的成功秘诀。

他的第一份工作是在政府贸易处当助理文员，工作十分乏味。不肯安于现状的性格使他不久跳槽到了一家航空公司，但工资比第一份还少。当时他也没有想过有一天会成为明星，踏入娱乐圈是偶然的，成功也来得太快，这使得他沉溺在成功带来的满足感和优越感之中，只知道尽情玩乐，逐渐变得放纵、狂傲、骄横，得罪了许多人。结果他的唱片销量直线下降，第一张、第二张唱片都可以卖20万，第三张只卖了10万，接着是8万、两万。他走在街上，原来是“学友”“学友”的欢呼，现在成了粗言秽语；站在舞台上，原来是鲜花拥抱，现在是阵阵嘘声。起初张学友接受不了这残酷的事实，没有去分析原因，而是一味逃避：酗酒、骂人、闹事。家人朋友不断地劝慰他，但他一概不听。他甚至想过自杀！

沮丧的日子持续了两三年，后来他开始自省，意欲东山再起，这是他骨子里不肯服输、敢于一拼的性格所决定的。如果天生懦弱，自杀恐怕是他最终的抉择。他很了解娱乐圈“一沉百人踩”的事实，知道要东山再起所面对的艰辛，但他决意一拼！他后来总结经验说：“当你决定要面对挫折和困难时，原来并不是没有出路的！”他努力唱出自己的风格，努力拍戏，努力去研究失败的原因，努力学习处世方法，努力应对各种刁难和挫折……全力以赴，付出了不为圈外人所知的艰辛，辉煌逐渐又回到了他的身边。

他说，没有人可以避免压力和挫折，重要的是要有豁达、乐观、坚毅、忍耐的性格，要搞清楚自己的位置和方向，才能走过失败，重新振作。他说自己希望做一只蜗牛，蜗牛永远不会理会别人的催促，无视外来的压力，只是依着自己的步伐和所选择的方向，勇往直前，这必能成功。

压力和挫折时刻都会存在，有人说，人没有了压力生活就会没有了方向，就像没有了风，帆船不会前进一样。但你一定不能在压力中不思进取，否则你将被压力淹没。

在压力中奋起，你才会有成功的可能。

第6章

愿所有辛苦，终不被辜负

成长需要一个过程

奥比太太在她的屋子后面种了一大片玉米。经过几个月的辛苦劳作，眼看就到了收获的季节。

一个颗粒饱满、裹着几层绿外衣的玉米说道：“收获那天，主人肯定先摘我，因为我是今年长得最好的玉米。”周围的玉米听了，也都随声附和地称赞着。

收获开始了，但是奥比太太只看了看那个最棒的玉米，并没有把它摘走。

“她眼力可能不太好，没注意到我，明天，明天，她一定会把我摘走的！”那个很棒的玉米自我安慰着。

第二天，奥比太太又哼着快乐的歌儿收走了其他的玉米，唯独没有摘这个最好的玉米。

“明天老婆婆一定会把我摘走的！”最好的玉米仍然自我安慰着。

第三天，第四天，奥比太太没有来。从这以后的好多天，奥比太太也没有来过，最好的玉米被摘走的希望越来越渺茫了。

直到一个漆黑的雨夜，最好的玉米才突然感悟到：“我总以为自己是今年最好的玉米，但现在连奥比太太都不要我了。白天，我顶着烈日，原来饱满而又排列整齐的颗粒变得干瘪坚硬，整个像要炸裂一般。夜晚，我又要和风雨做斗争。也许她真的不需要我，也许我真的不是最好的！”

不知不觉，一缕柔和的阳光照在玉米的脸上，它抬起头来，睁开眼睛，一下就看到了站在它面前的奥比太太。

奥比太太用一种柔和的目光瞧着它，自言自语道：“这可是今年最好的玉米，它的种子明年一定比它今年长得还要好！”

这时，最好的玉米才明白奥比太太不摘走它的原因。正当它想着的时候，它被奥比太太轻轻地摘了下来……

相信自己，被别人承认需要一个过程，笑到最后的人笑得最甜。只要你有实力和能力，总会得到承认，总能闯出一片自己的天地的。

珍珠固然璀璨夺目，但一开始也只是一颗小沙粒，经历漫长的磨砺和成长，才能成为漂亮的珍珠。所以，如果你想获得别人的承认，成就一番事业，就得经过一段刻苦的努力，让自己成为一颗“珍珠”。

有一天，一个年轻人来到大海边打算就此结束自己的生命。在他正要自杀的时候，正好有一位老人从附近走过，看见了他，并且救了他。

“孩子，你叫什么，为什么会选择这样结束自己宝贵的生命？”老人问。

“我可以告诉你，但你帮不了我。还是让我走吧！”年轻人痛苦地说。

“还没有说，你怎么就知道我帮不了你？”老人说道。

“好吧，我叫乔治。”乔治接着说，“我自认为是一个不错的人，明白很多的东西，而且才从一个名牌大学毕业。我的家人都企盼我可以找到一个好工作，我也相信自己一定可以。但是没有人欣赏我，没有人重用我。我能找到的工作仅仅是一个小公司的普通职员。”

老人静静地说：“继续说下去，乔治。”

“所以我觉得自己太失败了，很多的愿望不能实现，我活着还有什么意义！”乔治说。

老人没有回答，只是从脚下的沙滩上捡起一粒沙子，让乔治看了看，然后就随便地扔在了地上，对他说：“请你把我刚才扔在地上的那粒沙子捡起来。”

“这根本不可能！”乔治说。

老人没有说话，从自己的口袋里掏出一颗晶莹剔透的珍珠，也是随便地扔在了地上，然后对年轻人说：“你能不能把这颗珍珠捡起来呢？”

“这当然可以！”

“那你就应该明白是为什么了吧？你应该知道，现在你自己还不是一颗珍珠，所以你不能苛求别人立即承认你。如果要别人承认，那你就要想办法使自己变成一颗珍珠才行。”

“让自己变成一颗珍珠？”乔治若有所思地想着，终于茅塞顿开。

想要得到别人的认可，你首先就要想办法充实自己，让自己从一粒沙子变成一颗珍珠。一旦把自己由普通的沙粒变成珍珠，你就会散发夺目的光彩。

“现在的人越来越浮躁了。”人们在谈及社会风气时，常常在叹息声中给出这么一个判断。

正处在飞扬的青春，一个人免不了自信满满，年少轻狂，浮躁冒进。罗马不是一天建成的，在成长的过程中，我们更需要的是一点耐心和埋头苦干的精神。因为，成长确实需要一个过程。

用坦然迎接不幸

俗话说：水无常形，兵无常势。人生的失败、挫折也是这样，最重要的是你如何坦然面对它们。

在过去的岁月里，对你而言，或许是页页创痛的伤心史，在检阅过去的一切时，你也许会觉得你处处失败，一事无成。你热烈地期待着成功的事业却不能如愿，连你最近的亲戚朋友，甚至也要离弃你！你的前途，似乎是十分惨淡和黑暗的！但是，虽有上述种种不幸，只要你不甘心永远屈服，胜利就会向你招手。

从古至今，有多少英雄豪杰因一次的挫折而一蹶不振，我们不能因他们的美名而去像他们一样经不起挫折。

人的一生不可能一帆风顺，遇到挫折和困难是难免的，你不可能一直处于顺境，一直处于辉煌，当你人生走到了“山”的顶峰必然会走下坡路，但要如何做到坦然面对、心态放平稳，对于我们才是最重要的。

在20世纪60年代初期，美国化妆品行业的“皇后”玛丽·凯把她一辈子积蓄下来的5000美元作为全部资本，创办了玛丽·凯化妆品公司。

为了支持母亲实现“狂热”的理想，两个儿子也“跳往助之”，辞去了较好的工作，加入到母亲创办的公司中来，宁愿只拿250美元的月薪。玛丽·凯知道，这是背水一战，是在进行一次人生中的大冒险，弄不好，不仅自己一辈子辛辛苦苦的积蓄将血本无归，而且还可能葬送两个儿子的美好前程。

在创建公司后的第一次展销会上，她隆重推出了一系列功效奇特的护肤品，按照原来的计划，这次活动会引起轰动，一举成功。但是，“人算不如天算”，整个展销会下来，她的公司只卖出去15美元的护肤品。

在残酷的事实面前，玛丽·凯不禁失声痛哭，而在哭过之后，她反复地问自己：“玛丽·凯，你究竟错在哪里？”

经过认真的分析，她及时调整了自己的不良心态，坦然地接受了这一切，最后终于悟出了一点：在展销会上，她的公司从来没有主动请别人来订货，也没有向外发订单，而是希望人们自己上门来买东西……难怪在展销会上落到如此的地步。

于是她从第一次失败中站了起来。如今，玛丽·凯化妆品公司发展到现在已经成为一个国际性的公司，拥有一支20万人的推销队伍，年销售额超过3亿美元。

已经步入晚年的玛丽·凯能创造如此奇迹，并不是上天的怜悯，而是她面对挫折时，坦然地接受了这一切，悟出一个好的想法并着手开始自己的行动，最后获得了巨大的成功。

要善于检验你人格的伟大力量，你应该常常扪心自问，在除了自己的生命以外，一切都已丧失了以后，在你的生命中还剩余什么。即在遭受失败以后，你还有多大勇气？如果你在失败之后，从此一蹶不振，放手不干而自甘永久屈服，那么别人就可以断定，你根本算不上什么人物；但如果你能雄心不减、大步向前，不失望、不放弃，那么别人就可以断定，你的人格之高、勇气之大，是可以超过你的损失、灾祸与失败的。

无论你做了多少准备，有一点是不容置疑的：当你进行新的尝试时，你可能犯错误，无论你是作家，还是企业家，或者是运动员，只要不断对自己提出更高的要求，都难免失败。但失败并不是你的错，重要的是要从中吸取教训。

古人云：前事不忘，后事之师。在克服挫败方面，我们的祖先已经给我们做出了太多的榜样。在社会竞争激烈的今天，挫折无处不在，若一时受挫而放大痛苦，将会终身遗憾。遭遇挫折，就当痛苦是你眼中的一粒尘埃，眨一眨眼，流一滴泪，就足以将它淹没；遭遇挫折就当它是一阵清风，让它在你耳旁轻轻吹过；遭遇挫折，就当它是一阵微不足道的小浪，不要让它在你心中激起惊涛骇浪；遭遇挫折，不要放大痛苦。擦一擦身上的汗，拭一拭眼中的泪，继续前进吧！

乐观地面对一切

一时的困境并不意味着你的整个人生都是灰暗的，只要你永远保持乐观积极的心态，笑迎人生的一切，那么风雨过后，你一定能见到绚丽的彩虹。

人的一生，就像是一次旅行，沿途既有数不尽的坎坷泥泞，也有看不完的风景。我们既能享受阳光、希望、快乐、幸福……也要面对黑暗、绝望、忧愁、不幸……

在面对人生的美丽时，我们都能微笑迎接，可是当我们面对人生那些不可避免的哀愁时，我们会有什么样的反应呢？

古希腊有一个大政治家叫德摩斯梯尼。天生的不幸，他的齿唇上留有缺陷，说话含糊不清，很难与人沟通、交流，这令他非常苦恼。为了纠正自己的这个毛病，德摩斯梯尼找来一块小鹅卵石含在嘴里练习说话。有时跑到海边，有时跑到山上，尽量放开喉咙背诵诗文，练习一口气念几个句子。长时间的练习，石子磨破了他的牙龈，每次都弄得满嘴是血。血染红了他嘴里那块石头。但这些困难并没有使他放弃练习，一直到口齿流利，能侃侃而谈为止。

德摩斯梯尼的故事之所以感人，是因为他在用意志与躯体抗争，用美好的愿望与不幸的缺陷抗争……

其实，这更像是在拔河，是在心里拔河。有时候，我们的心中时常会萌生出一些美好的愿望，并按照这美丽的线索，去寻找自己生命的春天。但是自身的缺陷、懒惰、怯懦等等束缚着愿望远行的脚步。为此，双方总要在内心深处较量一番。而较量的结果大概只有这样两种：一种是行动伴着愿望一起走，一种是美好的愿望枯萎在束缚的泥潭里。

有两个姑娘，她们一个叫珍妮，是美国人，另一个叫南希，是英国人。她们聪明、美丽，但都身患残疾。

珍妮出生时两腿没有腓骨。一岁时，她的父母做出了充满勇气但备受争议的决定：截去珍妮的膝盖以下部位。珍妮一直在父母怀抱和轮椅中生活。后来，她装上了假肢，凭着惊人的毅力，她现在能跑，能跳舞和滑冰。她经常在女子学校和残疾人会议上演讲，还做模特，频频成为时装杂志的封面女郎。

与珍妮不同的是，南希并非天生残疾。她曾参加英国《每日镜报》的“梦幻女郎”选美，一举夺冠。1990年她赴南斯拉夫旅游，决定侨居异国。当地内战期间，她帮助设立难民营，并用做模特赚来的钱设立希茜基金，帮助因战争致残的儿童和孤儿。1993年8月，在伦敦，她不幸被一辆警车撞倒，造成肋骨断裂，还失去了左腿。但她没有被这一生活的不幸击垮。她很快就从痛苦中恢复过来，康复后她比以前更加积极地奔走于各地，像戴安娜王妃一样呼吁禁雷，为残疾人争取权益。

也许是一种缘分，珍妮和南希在一次会见国际著名假肢专家时相识。她们一见如故，情同姐妹。

虽然肢体不全，但她们都不觉得这是多么不得了的人生憾事，反而觉得这种奇特的人生体验，给了她们更加坚韧的意志和生命力。她们现在使用着假肢，行动自如。只有在坐飞机经过海关检测，金属腿引发警报器铃声大作时，才会显出两位大美人的腿与众不同。

只要不掀开遮盖着膝盖的裙子，几乎没有人能看出两位美女用了假肢。她们常受到人们的赞叹：“你的腿形长得真美，看这曲线，看这脚踝，看这脚趾涂得多鲜红！”

珍妮说：“我虽然截去双腿，但我和世界上任何女性没有什么不同。我喜欢打扮，希望自己更有女人味。”

这对姐妹几乎忘了自己身患残疾。她们没有时间去自怨自艾，人生在她们眼里仍然是美好的，她们在人们眼中也是美好的。也有异性在追求她们，她们和别的肢体健全的姑娘一样，也有着自己的爱情。

乐观地面对生命中的一切，永远积极地生活，这就是珍妮与南希的处世原则和人生态度。

虽然，每个人的人生际遇各不相同，而且命运也并不是对每一个人都很公平，但是相信上帝在关上一扇窗的同时，也会为你开启另一扇窗。面对窗外的大地和天空，就看你能不能高昂起你的头，用一双智慧的眼睛，透过岁月的风尘寻觅到辉煌灿烂的繁星。先不要说生活怎样对待你，而是应该问一问自己，你是怎样看待生活的。

面对人生阴暗时，如果我们的一颗心总是为忧愁、沮丧所覆盖，干涸了心泉、黯淡了目光、失去了生机、丧失了斗志，我们的人生轨迹岂能美好，我们又岂能成就大事？

永远不要指望靠别人的同情与帮助来获得成功。就现实的情形而言，悲观失望者一时的呻吟与哀号，虽然能换取短暂的同情与怜悯，但最终的结果只会是别人的鄙夷与厌烦。

但假如我们能始终保持一种健康向上的心态，乐观地看待眼前发生的一切，那么，即使我们身处逆境、四面楚歌，也一定会有“山重水复疑无路，柳暗花明又一村”的一天。

在人生道路上，既有阳光也有风雨，一个人要想赢得人生，就不能总把目光停留在那些消极的东西上，那只会使人沮丧自卑、徒增烦恼，让人生被生活的阴影遮蔽它本该有的光辉。

一笑置之岂不更好

一笑置之，给自己留一条退路，给自己一点儿蓄势的时间，给自己一些宽容和理解，我们就会坦然地面对失去，从而心境平和，为自己赢得一个好心情。

无论你天资多么聪颖，偶尔也会做些蠢事。一般人出了丑，总是羞赧不堪，躲避众人耳目。何必呢？换个角度想想，这些蠢事其实还蛮有趣的，如果能够一笑置之，不是更好吗？

这就是自嘲。

自嘲，大致意思就是自己开自己的玩笑。可是要真探讨起来，这样说就不能说明其真正的内涵了。

约翰逊在华盛顿的就职仪式上发表演讲时，人群中突然有个人高声喊道："他只是个裁缝匠出身的人！"面对突如其来的嘲弄，约翰逊泰然自若、心平气和地说："某位先生说我过去曾是个裁缝匠，这根本没有使我感到难堪。因为当我做裁缝匠的时候，我享有一个优秀裁缝匠的良好声誉，而且我特别胜任自己的工作。我总是对我的顾客热情周到，并取得了出色的业绩。"话音刚落，热烈的掌声驱散了恶意的嘲弄。

不可否认，一个人的出身对其成长的影响是很大的。在某些特定的历史条件下，对很多人来说，是“龙生龙，凤生凤，老鼠的儿子会打洞”，甚至是八分、九分天注定，一分、二分靠打拼。但是，随着历史的发展和社会的进步，一个人的命运越来越不取决于自己的出身，而是越来越多地取决于自己的努力。

当面对别人的嘲笑和挑衅时，聪明的总统没有觉得自卑，也没有因此而感到无地自容。他坦然地面对出身，真诚地热爱自己平凡而普通的父母，并表示出要竭尽全力地用对社会的奉献和生命的成就来报答父母的恩情，他们聪明的回答赢得了大家的尊重。

自信是自嘲的基础。不自信，不可能自嘲。你让阿Q拿自己的“癞头”自嘲，那是万万不能的，不但不能，就算你提到“灯”，他也会跟你急，轻则“怒目主义”，重则满口脏话。有了自信，才敢自曝家丑。小品演员潘长江，身材矮小，但他自信，自称“袖珍男子汉”，常拿自己的身高开玩笑，一句“凡是浓缩的都是精品”，成为一种自信的象征、自嘲的标志。

大哲人苏格拉底的生活态度就非常值得我们效仿。每天清晨，邻居们都会看见赤着脚的苏格拉底走出家门，踩着晶莹的露水，跳到一块等待雕刻的大石头上，仰起头向远道而来的太阳热情地问候，向正在隐去的星星和月亮挥手告别。他无视众人怪异的眼光，披上他那破旧不堪的袍子，准备到集市上和民众们辩论，行使他“思想助产士”的义务劳动。

这时正为早餐发愁的妻子冲出来，在众人面前厉声责备丈夫，高声发着牢骚，抱怨家里米缸朝天，丈夫却天天游手好闲，不求上进。苏格拉底却不顾众人的窃笑，亲昵地拥抱一下妻子，向外边走边说：“亲爱的，我去工作了，我要帮人们把思想顺利生产下来。”愤怒的妻子把一盆水泼向苏格拉底，他顿时被浇成了落汤鸡。苏格拉底像骑士一样抖抖湿透的袍子，对哈哈大笑的邻居说：“看来我猜对了，电闪雷鸣过后，必有大雨倾盆。”

很多人一定会嘲笑苏格拉底是个“妻管严”，在众人面前很丢面子，殊不知这正是苏格拉底的高明之处。因为他知道自己的妻子是个“河东狮”，既然没办法改变，就由她去吧。面子是什么？如果不要面子可以生活得更好，我们又何乐而不为呢？

一个自嘲的人一定是热爱生活，有生活情趣的人。如果不热爱生活，谁会去发现自己的可笑之处，怎么会觉得这可笑之处可笑，又怎么会将这可笑之处讲出来呢？

自嘲是一种美德。嘲弄他人是缺德，嘲弄自己却是美德。一个善于自嘲的人，往往就是一个富有智慧和情趣的人，也是一个勇敢和坦诚的人，更是一个将自己上上下下里里外外看得很明白的人。

自嘲还是一种鲜活的态度，它可以使原本很沉重的东西瞬间变得轻松无比，会让别人砸过来的重拳落在棉花上。

自嘲更是一种智慧。生活有时总不那么令人满意，如果我们一味地追求完美，也许会患得患失，少了做人的乐趣。但是，如果我们换一种方式来对待生活，自己给自己一点安慰，以感恩的心情来生活，也许我们会快乐很多。

把苦难当作人生最宝贵的财富

每个人的人生中都充满了苦难。人是从苦难中成长起来的，唯有乐观奋斗，才能得到人生中最宝贵的财富。

澳门大富豪何鸿燊年幼时突然家道中落，何鸿燊无法接受但又不得不面对这冷酷的现实。想当初，衣食无忧，进出都有仆人侍候。现在父亲、哥哥流亡南洋，家居陋室，没有当家人，仿佛天都塌了。这一切都压在母亲柔弱的肩上，母亲和姐姐常为柴米油盐的事小声嘀咕，一家人忧柴忧米、忧穿忧用。这种情绪也传染给了年纪最小的何鸿燊，他常常担忧老鼠偷米，第二天没有米下锅，上不成学。

晚上睡在硬板床上，望着母亲忧郁的神色、简陋的家具用具，脑海里就浮现出富丽堂皇的洋房、餐桌上的美味佳肴、成群的奴仆。他那时还傻想，如果父亲和哥哥回来，就会把荣华富贵带回来。何鸿燊最不堪忍受的，是原来那些亲戚见何家财人势人，见了何家人总是低眉顺首、恭恭敬敬，现在对何鸿燊一家却避而远之，见到何鸿燊还摆架子，甚至百般嘲弄。

有这样一件事情：一次，何鸿燊牙齿蛀烂，需要补牙。正好他家一个亲戚是牙医，过去一直走动，每次来何家都要逗何鸿燊开心。何鸿燊就去他的牙科诊所，做牙齿的亲戚正闲着，跷着二郎腿坐在旋转椅上，没有起身，爱理不理的。

“你来这里做什么？”“我的牙坏了，想补牙。”“那你身上有钱吗？”“没有钱。”牙医亲戚笑起来。何鸿燊不懂世事，不知他为什么问这些。以前何鸿燊来他诊所玩儿，他主动给何鸿燊检查牙齿，还说了许多保护牙齿的知识，从来没有提过钱的事。何鸿燊正纳闷，牙医亲戚怪声怪气地说道：“没有钱，走吧，补什么牙？干脆把牙齿全部拔掉算了！”何鸿燊瞠目结舌，想不到亲戚会变成这个样子。何鸿燊不禁泪如泉涌，扭头就走。回到家里，他向母亲哭诉。母亲也伤心地流泪，母子抱头痛哭。这件事给何鸿燊的刺激非常大，使他从富家子弟的旧梦中彻底清醒过来。多年以后，成为巨富的何鸿燊回忆辛酸的往事，仍恨得咬牙切齿：“想不到人穷，亲戚便如此势利。”

经过家境变故后，何鸿燊一家人都感觉到人情冷暖，母亲更是终日以泪洗面。何鸿燊于是下决心要争一口气！父亲破产之前，何鸿燊在香港名校皇仁书院读书。他是出名的公子哥，淘气的把戏没人比得过他，读书就大为逊色，学业太差，被分在差生班D班。过去家中富有，成绩再差也可以读下去。现在家里朝不保夕，仅靠母亲打工赚取微薄的生活费，哪里还有余钱交学费?

一天，母亲把何鸿燊叫在跟前，郑重其事地指出两条路供他选择：一是退学，帮家里赚钱；二是靠拿好成绩获取奖学金，否则，家里无法保证支付昂贵的学费。何鸿燊不禁想起做牙医的亲戚，想起了家庭变故，便选择了第二条路。家穷促使他早熟，他明白穷人只有靠读书方可出头。何鸿燊发愤苦读，到学期末，成绩居D班第一，这个成绩，在A班也能排中上水平。何鸿燊如愿以偿获得奖学金，开创了皇仁书院D班获奖学金的纪录。以后，何鸿燊年年都获得奖学金。

如果将幸福、欢乐比作太阳，那么，不幸、失败和挫折就可以比作月亮，人不可能只企求永远在阳光下生活。法国作家巴尔扎克说过："苦难对于天才是一块垫脚石，对能干的人是一笔财富，对弱者是一个万丈深渊。"

苦难是人生的一笔财富，但是正在受苦或正在摆脱受苦的人是没有权利诉说的。苦难变成财富是有条件的，这个条件就是，你战胜了苦难并远离，不再受苦。只有在这时，苦难才是你值得骄傲的一笔人生财富，别人听着你的苦难时，也不觉得你是在念苦经，只会觉得你意志坚强，值得敬重。

所以，丘吉尔在自传中就写道：苦难，是财富还是屈辱？当你战胜了苦难时，它就是你的财富；可当苦难战胜了你时，它就是你的屈辱。

我国著名体操运动员桑兰，在1998年的美国长岛运动会上不幸摔伤，导致下身瘫痪。面对这突如其来的打击，桑兰并没有沮丧，她勇敢乐观地正视这次苦难，以她的微笑赢得了世人的尊敬。终生瘫痪，这对一个人来说是多么悲哀的事情，而桑兰在苦难面前却没有退缩，以乐观的心态笑对人生，她在轮椅上艰苦奋斗，最终成为上海星空卫视体育主持人。这样的财富，远比一辈子安乐生活的人所得到的有价值的多。苦难这把利刃，一方面割破了你的心，另一方面掘出了生命的新水源。

温室的花朵经不起风吹雨打，而饱受寒风摧残的苍松却可以屹立在严冬里。最宝贵的财富往往在苦难过后才能得到，正如孟子所言："天将降大任于斯人也，必先苦其心志……"永远生活在安逸里的人，从未经历过苦难，很难铸就坚强的精神，也很难在人才济济的世界上走得更远。

人的一生不可能不经历苦难，但我们可以从中得到最宝贵的财富。辩证地认识苦难，扼住命运的喉咙，扬起生活的风帆，把握苦难后的财富，让苦难塑造出一个坚强的自我吧！

在漫长的人生旅途中，苦难并不可怕，受挫折也无须忧伤。只要心中的信念没有萎缩，你的人生旅途就不会中断。所以，你要微笑着面对生活，不要抱怨生活给了你太多的苦难，不要抱怨生活中有太多的曲折，更不要抱怨生活中存在的不公。当你走过世间的繁华，阅尽世事，你会幡然醒悟：把苦难当作人生中最宝贵的财富，再苦也要笑一笑！

从现在起，感谢折磨你的人吧

人不能总停留在原地，而是要努力向前。感谢折磨你的人，你将得到更迅速的发展。

对于生活中的各种折磨，我们应时时心存感激。只有这样，我们才会常常有一种幸福的感觉，纷繁芜杂的世界才会变得鲜活、温馨和动人。一朵美丽的花儿，如果你不能以一种美好的心情去欣赏它，它在你的心中和眼里也就永远娇艳妩媚不起来，而如同你的心情一般灰暗和没有生机。只有心存感激，我们才会把折磨放在背后，珍视他人的爱心，才会享受生活的美好，才会发现世界原本有很多温情。心存感激，是一种人格的升华，是一种美好的人性。只有心存感激，我们才会热爱生活，珍惜生命，以平和的心态去努力地工作与学习，使自己成为一个有益于社会的人。心存感激，我们的生活就会洋溢着更多的欢笑和阳光，世界在我们眼里就会更加美丽动人。从今天开始，感谢折磨你的人吧！

如果你想要，就要等得起

人生可以失去很多东西，却绝不能失去希望。只要心存希望，总有奇迹发生，希望虽然渺茫，但它永存人间。

美国作家欧·亨利在他的小说《最后一片叶子》里讲了个故事：病房里，一个生命垂危的病人从房间里看见窗外的一棵树，在秋风中树叶一片片地掉落下来。病人望着眼前的萧萧落叶，身体也随之每况愈下，一天不如一天。她说："当树叶全部掉光时，我也就要死了。"一位老画家得知后，用彩笔画了一片叶脉青翠的树叶挂在树枝上。最后一片叶子始终没掉下来。

只因为生命中的这片绿，病人竟奇迹般活了下来。

人生可以失去很多东西，却绝不能失去希望。只要心存希望，总有奇迹发生，希望虽然渺茫，但它永存人间。

所以，当你遇到困境的时候，你一定要相信你自己，给自己希望，这样才能柳暗花明，走出困境。

有两个盲人靠说书弹弦谋生，老者是师傅，幼者是徒弟。徒弟整天唉声叹气，也无法学好手艺。因为眼盲，他甚至常常失去生活的勇气。一天，师傅病了，在临终前，他对徒弟说："我这里有一张复明的药方，我将它封进你的琴槽中，当你弹断1000根琴弦的时候，你才能取出药方。记住，你弹断每一根弦时必须是尽心尽力的。否则，再灵的药方也会失去效用。”徒弟牢记师傅的遗嘱，他一直为实现复明的梦想而弹弦不止。

50年过去了，徒弟已皓发银须，一声脆响，徒弟终于弹断了第一千根琴弦，他直向城中的药铺赶去。当他满怀期望地等着取回草药时，掌柜的告诉他，那是一张白纸。他明白了师傅的用意，他学到了手艺，这就是药方，有了手艺他就有了生存的勇气。他努力地说书弹弦，成了名艺人，受人尊敬。直到95岁高龄时，他才抱着三弦含笑告别人世。

前途比现实重要，希望比现在重要。任何时候，都不应该放弃希望，因为它是创造成功、创造未来的“点金石”。

人生不能没有希望，所以无论我们身陷怎样的逆境，我们都不应该绝望。失望时萌生希望，能驱散心中的浓雾，拥抱一片湛蓝的晴空。让我们带着希望生活，活出一个最好的自己！

只要把希望种在心里，即使一粒最普通的种子，也能长出奇迹！

培植出白色的金盏花非常困难，专家都望而却步，而一位不懂遗传学的老人却取得了成功。这是为什么呢？且往下看完这个故事。

当年，美国一家报纸曾刊登了一则园艺所重金悬赏征求纯白金盏花的启事，一时引起轰动。高额的奖金让许多人趋之若鹜。但是，在千姿百态的自然界中，金盏花除了金色的就是棕色的，要培植出白色的，不是一件容易的事。所以许多人一阵热血沸腾之后，就把那则启事抛到了九霄云外。

时间一晃就是20年。20年后很平常的一天，当年那家曾刊登启事的园艺所意外地收到了一封热情的应征信和100粒“纯白金盏花”的种子。当天，这件事就不胫而走，引起轩然大波。原来寄种子的是一位年已古稀的老人。对信中言之凿凿能开出纯白金盏花的种子，园艺所一直举棋不定，该不该验证一时成了争论的焦点。有人说，绝不应该辜负了一位老人的心意。那些种子终于得以落土生根。奇迹是在一年之后才出现的，一大片纯白色的金盏花在微风中摇曳生韵。

一直默默无闻的老人因此成了新的焦点。原来，老人是一个地地道道的爱花人。20年前，她偶然看到那则启事，怦然心动。她的决定却遭到她8个儿女的一致反对。毕竟，一个压根儿就不懂种子遗传学的人是很难完成专家都不能完成的事的，她的想法岂不是痴人说梦！但她痴心不改，义无反顾地干了下去。她撒下了一些最普通的种子，精心侍弄。一年之后，金盏花开了。她从那些金色的、棕色的花儿中挑选了一朵颜色最淡的，任其自然枯萎，以取得最好的种子。次年，她又把它们种下去。然后，再从许多花儿中挑选出颜色更淡的花儿的种子栽种……日复一日，年复一年，春种秋收，周而复始，老人的丈夫去世了，儿女远走了，生活中发生了很多的事，但唯有种出白色金盏花的愿望在她的心中牢牢地扎下了根。终于，在20年后的一天，她在园中看到了一朵如银如雪的白色的金盏花。一个连专家都解决不了的问题，在一个不懂遗传学的老人手中迎刃而解，这不是奇迹吗？

漫漫人生，难免会遇到荆棘和坎坷，但风雨过后，一定会有美丽的彩虹。所以，任何时候你都要抱乐观的心态，都不要丧失希望。要知道，失败不是生活的全部，挫折只是人生的插曲。虽然机遇总是飘忽不定，但只要你坚持，保持乐观，你就能永远拥有希望。即使一生不如意，但有希望相伴也是幸福。

躺着思想，不如站起来行动

成功地将一个好主意付诸实践，比在家里空想出1000 个好主意要有价值得多。没有行动，再远大的目标只是目标，再完美的设想也仅仅是设想，要想使其变为现实，必须付出行动。

在远古的时候，有两个朋友，相伴去遥远的地方寻找人生的幸福和快乐。一路上，两个人风餐露宿，在即将到达目标的时候，遇到了一片风急浪高的大海，而海的彼岸就是幸福和快乐的天堂。关于如何渡过这片海，两个人产生了不同的意见：一个建议采伐附近的树木造成一条木船渡过海去；另一个则认为无论哪种办法都不可能渡过这片海，与其自寻烦恼和死路，不如等这片海流干了，再轻轻松松地走过去。

于是，建议造船的人每天砍伐树木，辛苦而积极地制造船只，并顺带着学会游泳；而另一个则每天躺下休息睡觉，然后到海边观察海水流干了没有。直到有一天，已经造好船的朋友准备扬帆出海的时候，另一个朋友还在讥笑他的愚蠢。

不过，造船的朋友并不生气，临走前只对他的朋友说了一句话："去做一件事不见得一定能成功，但不去做则一定没有机会得到成功！"

能想到躺到海水流干了再过海，这确实是一个"伟大"的创意，可惜的是，这却是个注定永远失败的"伟大"创意。

这片大海终究没有干涸掉，而那位造船的朋友经过一番风浪最终到达了彼岸，这两人后来在这片海的两个岸边定居了下来，也都各自衍生了许多子孙后代。海的一边叫幸福和快乐的沃土，生活着一群我们称为勤奋和勇敢的人；海的另一边叫失败和失落的原地，生活着一群我们称之为懒惰和懦弱的人。

临渊羡鱼，不如退而结网。与其羡慕幻想，不如马上行动。

有条件不做等于没有条件，没有条件可以在做的过程中创造条件。想法只有化作行动，才有达成愿望的可能，否则想法永远是想法。

想到了就去做，人的潜能是无法预测的。只要有了好的想法，然后立即行动，相信谁都可以成功，关键看你是否将想法付诸行动。

从前有两个和尚，一个很有钱，每天过着舒舒服服的日子；另一个很穷，每天除了念经时间外，就得到外面去化缘，日子过得非常清苦。

有一天，穷和尚对富和尚说：“我很想去拜佛，求取佛经，你看如何？”

富和尚说：“路途那么遥远，你怎么去？”

穷和尚说：“我只要一个钵、一个水瓶、两条腿就够了。”

富和尚听了哈哈大笑，说：“我想去也想了好几年，一直没成行的原因就是旅费不够。我的条件比你好，我都去不成，你又怎么去得了？”

然而，过了一年，穷和尚回来，还带了一本佛经送给了有钱的和尚。富和尚看他果真实现了愿望，惭愧得面红耳赤，一句话也说不出来。

我们并不能在行动之前把所有可能遇到的问题统统消除，但是我们可以在行动中克服各种困难。

正因为有不少人总想着等到有100%把握了才行动，反而陷入了行动前的永远等待中。有的人甚至连一个小小的愿望都要等到所有条件都满足后才开始行动。你不可能等到所有条件都成熟后再行动。如果是那样，恐怕也就错过最佳的时机了。

正因为如此，很多人一辈子干不成一件事情，永远处于等待中。只有那些想到就马上动起来的人，才是真正能改变现状的人。

"想到就去做"这好像是一句广告词。说起来，人人皆知，可又有几个人能真的"想到就去做"呢？

美国成功学家格林演讲时，曾不止一次对听众开玩笑说，全球最大的航空速递公司——联邦快递（FedEx）——其实是他构想的。

格林没说假话，他的确曾有过这个主意。20 世纪60 年代格林刚刚起步，在全美为公司做中介工作，每天都在为如何将文件在限定时间内送往其他城市而苦恼。

当时，格林曾经想到，如果有人开办一个能够将重要文件在24 小时之内送到任何目的地的服务，该有多好！

这想法在他脑海中停留了好几年，他也一直经常和人谈起这个构想，遗憾的是，他没有采取行动，直到一个名叫弗雷德·史密斯的人（联邦快递的创始人）真的把它转换为实际行动。从而，格林也就与开创事业的大好机会擦肩而过了。

格林用自己的故事现身说法：成功地将一个好主意付诸实践，比在家里空想出1000 个好主意要有价值得多。没有行动，再远大的目标只是目标，再完美的设想也仅仅是设想，要想使其变为现实，必须付出行动。

可见，行动才是最终决定力量，无论你的计划多么详尽、语言多么动听，你不开始行动，就永远无法达到目标。在一生中，我们有着种种计划，若能够将一切憧憬都抓住，将一切计划都执行，那么，事业上所取得的成就将是多么的伟大！

磨砺到了，幸福也就到了

世间很多事情都是难以预料的，亲人的离去、生意的失败、失恋、失业等等打破了我们原本平静的生活，以后的路究竟应该怎么走？我们应当从哪里起步？这些灰暗的影子一直笼罩在我们的头上，让我们裹足不前。

难道生活真的就这么难吗？日子真的就暗无天日吗？其实，并不是这样的。在这个世界上，为何有的人活得轻松，而有的人却活得沉重？因为前者拿得起，放得下，后者是拿得起，却放不下。

很多人在受到伤害之后，一蹶不振，在伤痛的海洋里沉沦。只得到不失去的事情是不可能的，而一个人在失去之后，就对未来丧失信心和希望，又怎么在失去之后再得到呢？人生又怎能过得快乐幸福呢？

被誉为“经营之神”的松下幸之助9岁起就去大阪做一个小伙计，父亲的过早去世使得15岁的他不得不担负起生活的重担，寄人篱下的生活使他过早地体验了做人的艰辛。

他在22岁那年，晋升为一家电灯公司的检察员。就在这时，松下幸之助发现自己得了家族病，已经有9位家人因为家族病在30岁前离开了人世。他没了退路，反而对可能发生的事情有了充分的精神准备，这也使他形成了一套与疾病做斗争的办法：不断调整自己的心态，以平常之心面对疾病，使自己保持旺盛的精力。这样的过程持续了一年，他的身体变得结实起来，内心也越来越坚强，这种心态也影响了他的一生。

患病一年来的苦苦思索，改良插座的愿望受阻后，他决心辞去公司的工作，开始独立经营插座生意。创业之初，正逢第一次世界大战，物价飞涨，而松下幸之助手里的所有资金少得可怜。公司成立后，最初的产品是插座和灯头，却因销量不佳，使得工厂到了难以维持的地步，员工相继离去，松下幸之助的境况变得很糟糕。

但他把这一切都看成是创业的必然经历，他对自己说：“再下点儿功夫，总会成功的！已有更接近成功的把握了。”他相信：坚持下去取得成功，就是对自己最好的报答。功夫不负有心人，生意逐渐有了转机，直到6年后拿出第一个像样的产品，也就是自行车前灯时，公司才慢慢走出了困境。

1929年经济危机席卷全球，日本也未能幸免，销量锐减，库存激增。日本的战败使得松下幸之助变得几乎一无所有，剩下的是到1949年时达10亿元的巨额债务。为抗议把公司定为财阀，松下幸之助不下50次去美军司令部进行交涉。

一次又一次的打击并没有击垮松下幸之助，如今松下已经成为享誉全世界的知名品牌，这个品牌正是在不断的磨砺之中逐渐成长起来的。

如果当初在得知自己患上家族病的那一刻，松下就将自己埋没在悲观之中，那么，或许我们今天就不会看到松下这个品牌了。

生活中有各种各样我们想不到的事情，其实这些事情本身并不可怕，可怕的是我们无法从这件事情所造成的影响中抽身出来，尽早以最新、最好的状态去投入下面的事情。哪怕我们现在身无分文，我们也可以从身无分文起步，一点一滴地打拼，磨砺到了，幸福也就到了。